어디쯤, 살아가는 중입니다

이원자 수필집

어디쯤, 살아가는 중입니다

초판인쇄 | 2024년 12월 26일
초판발행 | 2024년 12월 31일
지 은 이 | 이원자
펴 낸 곳 | 빛남출판사
등록번호 | 제 2013-000008호
주   소 | (47351)부산광역시 부산진구 신천대로65번길 9, 1014호
             T.(051)441-7114   F.(051)244-7115
             E-mail:wmhyun@hanmail.net

ISBN 979-11-94030-12-6(03810)

₩ 15,000

* 이 도서는 2024년 부산광역시, 부산문화재단 〈부산문화예술지원사업〉의
  지원을 받아 제작하였습니다.

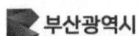

어디쯤, 살아가는 중입니다

이원자 수필집

빛남출판사

책머리에

　백로를 넘어가는 중이다. 여름을 뜨겁게 보내고 가을을 맞이하면서도 물방울은 생기고 당신과 나 사이에도 온도차가 있어 이슬이 맺힌다. 풀잎에도, 거미줄에도 맑은 눈물이 있다. 살아가는 모든 것들이 아프게, 찬란하게 빚어낸 반짝임이다.

　이제 바람 부는 대로, 비 맞는 대로 사는 일에 힘을 빼고 자식도 넘고 수많은 당신도 넘어 나비처럼 훨훨 가볍게 날아갔으면 한다. 감자꽃 지나, 보리수나무 지나 그렇게 가뭇없이 사라지는 날이 올 것이다.

이 원 자

목차

여는 글 • 5

1부
계절과 함께 춤을

땅의 기운과 함께하는, 그 첫 무대 • 12

허공의 결, 그리고 파장 • 16

햇볕에도 살이 오르고 • 21

시선의 확장 • 26

나를 키우는 것들 • 32

유월의 미술관 • 38

조용한 혁명 • 43

님들의 자세 • 48

다시 열공熱工, 징후와 파노라마 • 53

교차하는 길목 • 58

바람의 무늬 • 64

여행자들 • 68

또 다른 시작을 위한 마무리 • 73

2부 마음을 통과한 표정

풀 앞에 다시 서기까지 • 80
살아가는 모든 것들 • 89
보리 이야기 • 98
어떤날의 다짐 • 103
아이의 손을 잡고 • 108
또 다른 나 • 113
메주에 대한 단상 • 119
살면 살아서 좋고, 죽으면 죽어서 모를 일이고 • 122
우리 각자의 브레이크를 생각하며 • 128
인간이 인간적으로 살아갈 수 있는 마지막 희망 • 136
그렇고 그런 일 • 141
우리는 무엇으로 사는가 • 147
  -고 박말애 추모극 '말애야, 말애야'를 보고
바닷물에 발을 담그고 • 152

3부   내 발길에 닿는 물길

내 이름은 새벽 • 162

지난날의 장미 • 167

바퀴는 굴러간다 • 172

꿈, 또 하나의 세계 • 177

공평무사한 하늘 • 181

편리는 불편하다 • 187

아인슈타인과 살아가는 법 • 196

나의 불륜 • 202

타자에 예의 갖추기 • 206

디어 라이프 • 211

인류의 지도   216

항문을 이해하는 101가지 방법   221

에필로그_나도 한 마리의 황금물고기였다   228

1부

계절과 함께 춤을

땅의 기운과 함께하는, 그 첫 무대

　우리 집에서 보면 해가 왼쪽 석은덤산과 오른쪽 달음산을 왔다갔다한다. 하지 때는 석은덤산에 다다르고 동지 때는 달음산에 이른다. 동지가 되자 달음산을 찍었다. 가장 늦게 뜨고 가장 빨리 져서 해의 동선이 가장 짧다. 해의 움직임을 보면 동지가 새해의 출발점이다. 날씨가 춥다. 늦가을까지만 해도 기온이 높아 이상기온인가 했는데 역시 동장군은 죽지 않았다. 한파주의보가 내렸다. 돌고 도는 음양의 기운 속, 음의 극지점을 향하고 있다.
　바람 소리가 심상찮다. 바람이 다시 양의 기운을 불러모으기 위해 한판 굿판을 벌이며 칼춤을 춘다. 하도 이상한 소리가 들려 창문을 열어볼 때가 있다. 새 태동의 자리를 만드는 살풀이다. 생명이 다시 약동하려면 이 과정을 거쳐야 한다. 봄이 되어 꽃이 피는 게 아니라 이 과정이 있어 꽃이 핀다. 매화나무 벚나무 복숭아 목련 천리향 할 것 없이 진작부터 꽃망울을 만들어놓고 이 의식을 기다리고 있었다. 우엉은 간혹 늦가을 볕에 일찍 싹이 나 버리기도 하는데 이 의례만 통과하면 자기가 어른이 된 줄 알고 봄이 되면 자라지도 못한 몸으로 꽃부터 피우는 걸 볼 수 있다. 해넘이 두해살이 풀들은 이 과정을 통과하려 바닥에 바짝 엎드린다.

양파 마늘 쪽파 대파 등 매운 성질을 가진 건 모두 이 수업에 동참한다. 대파는 사철을 살고 쪽파는 뿌리 내린 지가 제법 됐는데 늦게 심긴, 겨우 옷 한 겹 입는 둥 마는 둥 한 마늘쪽과 실오라기 같은 양파가 쩡쩡 어는 기온에도 생명줄을 꽉 붙들고 있다. 아주 어릴 때부터 혹독한 심신훈련을 한다. 무른 살 한 점이 품은 생각의 뿌리가 여간 매운 게 아니다. 음식물 쓰레기 더미에서 싹튼 마늘이 있어 옮겨 심어보았더니 이 엄동설한에 보란 듯이 일어섰다.

보리도 자리를 잘 잡았다. 서리가 내린 뒤에 파종하면 거의 정확하게 동지쯤에 싹이 트기 시작한다. 그래서 보리를 동지초라고 하기도 한다. 식물도 각자 자기만의 우주와의 소통이 있다고 하는데 동지 해와 보리 사이에는 어떤 교감이 있는 것일까. 보리는 한겨울 찬바람을 먹지 못하면 부실해진다. 한 해는 가을 파종을 놓치고 봄에 씨를 뿌려보았더니 자라긴 하는데 열매가 오그라들고 낟알도 잘았다. 그래서인지 보리는 또 성질이 찬 곡식이다.

성질이 차긴 하지만 우리 속을 어루만져 주는 손길은 그럴 수 없이 따뜻하기만 하다. 몸살이 나거나 열이 나며 아플 때 보리차만큼 부드럽게 위무해 주는 것도 없다. 예전에는 어느 집이든 보리차가 기본이었는데 요즘은 물 끓여 먹는 사람조차도 별로 없는 듯하다. 그래서 세상이 더 각박해지는 건 아닐까.

 소한, 대한 지나는 동안 나는 가만히 있지를 못한다. 밭에 있는 나물 캐려고 나선다. 나물 캔다고 앉아 있으면 얼굴이 알알하면서 좋다. 아무래도 내 몸속에는 남들보다 구석기시대의 본능이 더 많이 남아 있는 것이 틀림없다. 먹는 걸 이런 식으로 구할 때 쾌감이 느껴진다. 돈으로 사는 건 재미가 없다. 또한, 내가 심은 것보다, 저절로 나는 것들을 더 좋아한다. 전에는 들판을 돌아다녔는데 이제는 우리 밭에만 해도 고들빼기 씀바귀 지칭개 냉이 광대나물 개망초 등 야생 나물이 지천이다.
 고들빼기나 씀바귀는 꼭 김치를 한번 담가 먹는다. 지칭개는 너무 쓰기 때문에 자주 먹지는 않는다. 그러나 어릴 때부터 먹어 버릇해서 그런지 한 번씩 쓴맛이 당긴다. 흔하디 흔한 광대나물과 개망초는 따로 먹기도 하고 시금치와 섞어 먹기도 한다. 냉이는 향이 좋아 국도 끓이고 전도 부친다. 겨울에도 들판의 정보들이 몸속으로 물결 져 들어온다. 어쩌면 이 정보들이 쌓여 내가 더 들판 쪽으로 쏠리는지도 모른다.
 나는 슬슬 새 이랑 만들 준비도 한다. 땅은 영하로 내려가는 날에 잠시 얼긴 하지만 금방 풀리기도 해서 일하는 데에는 문제가 없다. 추울 때가 오히려 일하기가 좋다. 벌레도 없고, 일하면 몸에 열도 나면서 기분 좋은 운동 효과가 있다. 일은 단번에 끝나는 게 아니어서 하루에 조금씩 운동처럼 하다 보면 어느새 봄을 맞이하게 된다.
 내가 거섶을 좋아하는 것처럼, 흙도 거섶을 좋아한다. 우리 밭에서 나오는 거로는 모자라서 이맘때쯤에는 굴러다니는 낙엽도 예사로 보이지 않는다. 남편이 길에 있는 낙엽 하나를 주워 밭에다 갖다 넣는 걸 보고 내가 깔깔거리며 웃은 적도 있다. 한번은 산길 진입로 쪽에 낙엽이 수북이 쌓여 있어 갔는데 갓 떨어진 나뭇잎 밑으로 수년간 썩어 시커멓게 쌓인 부엽토를 보고 얼마나 반가웠는지 모른다. 나로선 금광을 발견한 기분이었다.

밭에서 나온 거부지기와 함께 부엽토도 올리고 그동안 만들어 둔 나뭇재도 올리고 깻묵도 올리고 소금기가 있어 따로 삭혀 둔 멸치젓국 찌꺼기도 올린다. 한때는 해초를 그득 실어와 넣기도 했다. 물론 집에서 나오는 음식물 찌꺼기도 발효제를 뿌려서 다 밭에다 넣고 있다. 그리고 읍사무소에 신청하여 받은 거름도 올린다. 이 정도면 세상에 없는 비빔밥이다.

이, 세상에 없는 비빔밥을 넣고 한 삽, 한 삽 뜬다. 내가 일찌감치 서두는 건 흙이 소화 시킬 시간을 길게 주자는 생각이기도 하고 다시 안정을 찾는 데도 시간이 걸릴 것 같아서다. 마구 파 뒤집는 건, 흙 입장에선 스트레스 받는 일이다.

이렇게 해서 온갖 것들이 다시 흙으로 들어가 썩고 분해된다. 흙도 보통 미식가가 아니어서 아주 천천히 조금씩 먹는데 혀에 착착 감길 정도가 되어야 받아들인다. 흙이 받아들인 건 또 다음 작물의 몸을 이룬다. 서로 관계없이 사는 것 같지만 만물은 이처럼 자기도 모르게 서로 순환하며 섞인다. 어느 육신이 어느 몸으로 화하게 될지 모른다. 이 모든 게 내 피가 되고 살이 되는 일이니 나도 결국은 섞이는 일이다.

허공의 결, 그리고 파장

흙을 뒤집다 보면 동면 중인 여러 생명을 만나게 된다. 굼벵이 같은 건 보이는 대로 바로 다른 자리를 마련해 주기는 하지만 언제나 조심스럽다. 내 연장에 어떤 생명이 다칠지 모른다. 아무리 조심해도 지렁이 몸통을 자르게 될 때가 있는데 치가 다 떨리는 일이다. 그나마 지렁이는 몸이 잘리면 앞부분으로 다시 살게 된다고는 한다. 다행인 것은 이맘때 지렁이는 겨우 한두 마리 보이는 정도다. 인간 같은 별난 종이 있다는 걸 아는지 거의 2m나 될 정도로 깊은 굴을 파서 잔다.

그러나 내게는 정말 잊을 수 없는 뼈아픈 기억이 하나 있다. 몇 년 전 개구리 다리를 자른 일이다. 나는 기겁하여 풀썩 주저앉고 말았다. 잠을 자다 난데없이 당한 개구리는 소리도 내지 못한 채 절뚝거리며 어디론가 가고 있었다. 다시 흙을 덮어주어야 하나 싶었지만, 몸이 떨려서도 다가갈 용기를 내지 못했다. 그 개구리와 나만 아는 이 일은 아직도 미제 사건으로 남아 있다. 그 후로 천지 기운이 다리를 아물게 하였을지 내내 걸렸지만, 다시 만날 수는 없었다.

  땅을 갈아엎는 일은 땅속 생명에게 여간 위험한 일이 아니다. 그러나 요즘 아무도 기계 없이 농사를 짓지 않는다. 주변을 둘러보면 벌써 밭갈이가 시작되고 있는데 트랙터로 온 들판을 뒤엎을 때마다 얼마나 많은 생명이 희생되겠는가 싶다.

  사람만 그러는 게 아니다. 삽질하면 흙냄새를 맡고 근처 새들도 바로 찾아온다. 한 삽을 뜨는데 곤줄박이가 날아와 나뭇가지에 앉아 삐비, 삐비 울면서 기다린다. 그러다가 벌레가 나타나는 걸 나보다 먼저 알고는 순식간에 와서 날름 낚아채 간다. 까치는 여러 마리가 한꺼번에 와서 한참을 종종거리더니 우르르 날아간다. 자연의 조화 속 꿈틀거리는 생명이 한순간에 사라진다.

  까치는 아무 일도 없다는 듯 울타리에 앉아 일에 매달리는 나를 물끄러미 쳐다본다. 내게도 아무 일 없다는 식이다. 그러나 우리 사이에도 문제가 있었다. 며칠 전 호박을 정리하며 나온 호박씨를 일찌감치 심었는데 그 많은 걸 다 파먹어버렸다. 한날 밭으로 들어서는데 까치 떼가 웅성웅성 난리가 나서 무슨 일인가 했더니 그런 사달이 나 있었다. 까치는 자기들이 무슨 짓을 한 건지도 모른다. 그런 까치에게 뭘 따지겠는가. 나도 가만히 바라보기만 한다.

  삽질하면서야 잊고 있었던 여러 뿌리채소도 만나게 된다. 풀 등쌀에 어디 있는지도 잊고 있다가 불쑥 나타나는 바람에 다시 자리를 알게 된다. 다 자기들 알아서 살아가는 것들이다. 따로 관리하는 일 없이 만나는 대로 거둔다. 쇠무릎 뿌리는 말리고 더덕과 우엉은 반찬 해 먹고 둥글레와 돼지감자는 쉬운 게 밥에 넣어 먹는 일이다. 돼지감자는 양이 많아서 전을 부치기도 하고 아무 국에나 넣기도 한다. 그래도 그걸로는 해결되지 않아 차를 만들려고 말렸다. 너무 번져서 캐내느라 바쁘고, 캐낸 걸 먹어 치운다고 바쁘다. 밭 가에 몇 개 심은 것이 사방으로 번져 골칫덩어리가 되었다. 돼지감자 같은 건 밭에 심으면 안 된다는 걸 당해 보고서야 알았다. 너무 깊숙이 사방으로 움직이는 바람에 나로선 당해 낼 재간이 없다.

돼지감자 때문에 머리를 흔들다가 더덕밭에서는 나도 모르게 환호성을 질렀다. 남편 친구분이 어린뿌리를 주고 간 것을 심었는데, 그동안 풀만 무성해서 작년 긴 장마에 다 녹아버린 줄 알았다. 그런데 다른 걸 심으려고 뒤집어 보니 거의 살아 있는 게 아닌가. 어찌나 고맙던지 눈물이 날 뻔했다. 아직 자고 있었을 텐데 내 소리에 그만 모두 깼을지도 모르겠다.

가지치기도 이맘때 다 마쳐야 한다. 남편이 수시로 전지가위를 들고 나무마다 들여다본다. 가지가 너무 자라면 열매 따기가 힘들고 열매가 너무 달리면 실한 과실이 되지 않는다. 나무야 우리 먹는 일에 관심이 있을 리 없고 자기들 계산은 우리와 다를 텐데 우리가 마음대로 하는 일이다.

나무라고 가만히 당하지만은 않는다. 두릅나무는 키가 너무 커서 좀 잘랐더니 그예 죽어버리는 수를 써서 우리를 놀라게 했다. 복숭아나무는 가지치기 당했다고 당장 그보다 훨씬 많은 가지를 내며 반항했다. 꾸지뽕나무는 뒤끝 작렬이다. 한 번 건드렸다고 밭을 다 차지할 기세로 어린나무를 계속 내세운다.

새로 나는 어린나무에는 보호용으로 그러는지 유난히 크고 뾰족한 가시가 있다. 어쩌면 가시는 항변하는 최고 수위의 말인지도 모른다. 지나다니다가 다칠 수도 있어 이 말마저도 자른다.

성가시기로 치자면 인동덩굴도 빼놓을 수 없다. 꽃이 예뻐서 한 줄기 심은 게 번지면서 밭 울타리 겸 심은 구기자를 숨도 쉴 수 없을 만큼 챙챙 감고 있다. 구기자 신음이 절로 들리는 것 같다. 온몸이 오랏줄로 묶인 형국이다. 덩굴 밑동을 찾아 일일이 잘라준다. 이상국 시인의 시처럼 밑동 잘린 뿌리는 얼마나 캄캄할까. 뿌리도 뿌리지만 한껏 뻗었던 줄기의 숨이 한순간에 끊어진다. 이들의 당혹감이 훅 퍼지다가 가라앉는다. 인동덩굴도 절대 들일 일이 아니었다.

나뭇가지를 잘라내기도 하지만 잘라서 붙여주는 일도 한다. 올해는 감나무 자두나무 복숭아나무 등을 접목해 보려고 작년에 난 어린 가지를 몇 개 잘랐다. 가지는 물이 오르기 전인 지금 잘라 두어야 한다. 물이 오르며 나무의 움직임이 시작되면 성공할 확률이 떨어진다고 한다. 비닐로 잘 감싸서 냉장고에 보관해 두었다.

나는 언제나 목적이 있고 목적에 따라 무슨 일인가를 저지른다. 내가 건드리고 간섭하는 만큼, 이 공간의 모든 것들, 심지어 흙마저도 이런 나를 어쩔 수 없이 감당하고 감내한다. 이들 입장에는 내 행동이 얼마나 갑작스럽고 당황스러울까. 허공으로 이들이 내뿜는 어떤 기운과 파장이 있다. 나는 그 기운의 결과 파장에 살갗이 살짝 긁히는 기분이 되곤 한다.

달력을 보지 않아도 땅속 변화를 보면 입춘을 지나고 있음을 알 수 있다. 벌써 움이 트고 있다. 식물은 우리보다 절기에 훨씬 민감하다. 날씨가 아무리 추워도 시기에 맞춰 움직인다. 추운 날씨는 그대로지만 동지에 비하면 확실히 햇살이 더 따사롭다. 보약 같은 햇살이 쏟아진다. 밭에서 볕을 쬐고 있으면 아무도 부럽지 않다.

찬바람 속 붉게 일렁이는 광대나물꽃은 마음 시린 사람이 꽃불 쬐기에 좋다. 땅바닥에 붙은 큰개불알풀은 이 추위에 오종종히 앙증맞은 연보랏빛 꽃을 피우며 논다.

햇볕에도 살이 오르고

 겨우내 매달려 만든 이랑을 자꾸 본다. 아무것도 쓰이지 않은 원고지를 대하는 기분이다. 스멀스멀 번지는 봄기운만큼 새봄을 맞이하는 내 마음도 이랑 따라 부드러워진다. 우수를 지나고 있다. 희한하게도 절기에 맞춰 비가 듬뿍 내렸다. 땅속, 뭇 생명의 발가락은 얼마나 간지러울까. 벌써 흙 창문을 살짝 밀어젖힌 것들도 있다.
 마른 풀덤불 사이로 쑥도 보인다. 며칠 전만 해도 잘 보이지 않던 쑥이 하루가 다르게 자란다. 앉으면 금세 국 한번 끓여 먹을 정도는 뜯는다. 아직은 드문드문 보이지만 쑥만큼 흔한 것도 없다. 무릇 조물주의 마음이라면 귀한 것일수록 흔해야 하는 게 맞다.
 쑥 뜯는다고 앉아 있으면 그럴 수 없이 마음이 편해진다. 경건해지기까지 한다. 내게는 이 자리가 법당이고 이 일이 참선이다. 이 모습이 바로 나이다. 밭 언덕 너머 산에서는 딱따구리까지 내 귓속을 파준다. 딱따구리는 내 귓속에 귀지처럼 쓸데

없는 말들이 들붙어 있다는 걸 어떻게 알았을까? 귀를 한참 대 주고 나니 개운해졌다.

　매화도 산수유도 천리향도, 꽃이 터지고 있다. 눈 가는 데마다 갖가지 색깔의 물감이 옅게 번진다. 어떤 손길이 빈 가지를 채색해 나간다. 코끝으로 은은하게 향기도 묻어난다. 수채화 속 나도 어딘가 자꾸 간지러워진다.

　바닥에는 냉이가 대를 올리며 하나씩 꽃을 피우기 시작한다. 냉이꽃이 핀다는 건 이제 햇볕에도 살이 오르고 기운도 살짝 더 세졌다는 거다. 냉이는 꽃이 피면 뿌리에 심이 생긴다. 뿌리에 심이 생기면 나물로는 별로다. 시금치도 이 기운에 잎을 만세 부르듯 번쩍 들었다. 뿌리에 심이 생기는 중이다. 그래서 냉이나 시금치는 찬 바람 쌩쌩 부는 한겨울이 제철이다. 단맛이 그때 바짝 올랐다가 따뜻해지는 만큼 떨어진다. 시금치도 곧 대를 올리기 때문에 얼마 안 있다 전부 뽑아서 묵나물로 만들어야 한다.

　냉이꽃 옆으로 벌금자리도 보이고 꽃다지, 별꽃도 보인다. 이맘때의 풀은 대개 땅에 붙어 있고 꽃은 가까이 가야 보일 정도로 자잘하다. 싸라기 쌀 같은 냉이꽃과 좁쌀 같은 꽃다지꽃과 진짜로 하늘의 별이 내려앉은 것 같은 별꽃은 흔해서 아무 데서나 보인다. 뭉텅뭉텅 앉아 있는 벌금자리도 별꽃과 꽃이 거의 비슷하다. 주저앉아 이들이 하늘거리는 걸 본다. 이들에게서 여린 연대의 힘이 느껴진다. 이 일만으로도 안심이 된다. 지구는 결코 낙담 쪽으로 기울지 않을 것이다.

　벌금자리는 생채로 먹어 보곤 하는데 봄을 여는 상큼함이 있다. 소화에도 도움을 주지만 한방에서는 풍치에 이용한다는 말이 있다. 꽃다지나 별꽃은 둘 다 호흡기 계통에 좋고 특히 별꽃은 산모의 젖을 잘 돌게 하는 성분이 있다고 한다. 하늘에서 떨어진 것 같은 별꽃의 마음이라니, 먼 데 있는 별의 마음도 들어 있을 것만 같다.

이제 하루 일당도 좀 많아졌다. 일 마치고 돌아오는 길, 늘 들고 다니는 고무통에 쑥 냉이 씀바귀 쪽파 달래 머위 돌나물 미나리 등이 돌아가며 파릇파릇 담긴다. 다들 올라오며 열을 내서 그런지 이맘때 올라오는 건 우리 몸 열을 올려준다고 한다.

이제부터 본격적으로 봄 식탁으로 넘어간다. 옆에 사는 큰애한테 매일 밥 먹으러 오는지 확인 문자를 보낸다. 아이들이 온다고 하면 나는 팔팔 살아난다. 들판의 기운이 아이들에게까지 전달되어야 신이 난다. 어떨 때는 조금 멀리 있는 둘째에게도 달려가는데 이 기운이 사라질세라 차 속도보다도 마음이 먼저 내달릴 때가 있다. 부모가 줄 수 있는 최고의 선물이다. 엄마도 그랬다. 자식 집에 들르는 엄마의 비닐봉지 속에는 언제나 순한 나물이 들어 있었다.

그동안 흘끔흘끔 눈길을 주고 있긴 했는데 부엌 한쪽에서는 감자가 빨리 밭으로 보내 달라고 난리다. 도저히 더 두고 볼 수가 없어 감자를 데리고 밭으로 간다. 아니, 내가 감자를 따라나선다. 감자는 씨눈을 잘라 심어야 하는 것을 나는 늘 싹이 난 걸 씨눈 자르듯 해서 묻어준다. 언제 또 다녀갈지 모르는 꽃샘추위 때문에 싹까지 완전히 덮고 토닥토닥 잠을 더 재웠다.

냉장고에 보관해 두었던 완두콩 씨앗도 꺼냈다. 더 따뜻해지기 전에 심어야 한다. 완두콩은 보리콩이라 하여 보리 심을 때 같이 심곤 하는데 강추위가 몰아닥쳤을 때 당해내지 못하는 걸 보고는 이른 봄에 심는다. 봄 햇볕이야 언제 심든 상관이 있겠는가 싶지만, 완두콩도 찬바람을 놓치면 잘 자라지 못한다. 한 해 자리가 좀 있어서 늦게 심어 보았더니 열매를 맺지 못했다. 나뭇재를 좋아한다고 해서 다른 데보다 나뭇재를 더 뿌려준 다음에 한 구멍에 두 알씩 넣는다. 겨우 한 움큼이어서 금방 심고 일어난다. 엄마한테 물려받은 토종이라 조금 모자라긴 해도 종자가 섞일까 봐 사지는 않았다.

그런데 참 이상한 일도 다 있다. 아래 밭 들깨 심을 자리에 거름을 뿌려 놓았는데 누가 와서 잔뜩 뒤집어 놓았다. 사람이 한 건 분명 아니었다. 그렇다고 부탁하지도 않았는데 누가 기계로 해 줄 일도 없다. 짐승이 한 것 같지도 않았다. 짐승이 이랑 따라 이렇게 흐트러짐 없이 반듯하게 해 놓을 수가 있겠는가 싶었다. 또 먹을 것도 없는 자리이기도 했다. 어찌 된 영문인지 도무지 알 수 없는 일이었다. 그러던 어느 순간 내 노고를 들어 주려고 어디선가 늘 나를 지켜보고 있던 설화 속 어떤 거인이 성큼성큼 다녀간 상상을 하고 그도 아니면 무료하던 도깨비가 나타나 한바탕 지신밟기 하듯 놀다 갔을지도 모른다는 생각을 한다. 생뚱맞게 환상과 현실이 뒤섞인 들판에서 나는 찬바람을 맞으며 오래 서 있었다.

그새 감자는 깊은 잠을 못 자고 흙을 뚫고 올라온다. 살짝 걱정되긴 하지만 싹이 올라오니 일단은 반갑다. 햇볕과 노는 걸 보면서 목젖이 뜨거워진다. 그러나 꽃샘추위는 올해도 어김없다. 봄은 역시 그냥 오지 않는다. 술 취한 사람처럼 서너 발짝 앞으로 나갔다가 한두 발짝 뒷걸음질치면서 휘청휘청 온다. 비 온 끝으로 한파가 불어닥쳤다. 물이 다 얼었다. 고개를 내밀던 싹들이 바짝 움츠러들었다. 잎을 들었던 시금치는 다시 바짝 엎드린다. 감자들의 조막손을 어쩌나, 마음이 타들어 간다. 감자 말 듣지 말고 조금 더 기다렸어야 했다. 꽃마리가 피고 노란 민들레꽃이 번지는 가운데 감자는 결국 하나도 살아남지 못했다. 새카맣게 타면서 전부 까무룩 사라져버렸다.

시선의 확장

나뭇가지 사이로 생강꽃이 비치는가 싶더니 내가 방심하는 사이 진달래가 산을 확 덮었다. 산기슭마다 붉게 진물 나는 마음으로 나를 찾고 있다. 저렇게 여린 심성으로 나타나면 나더러 어쩌란 말인가. 참 대책 없는 봄이다. 뒤이어 온갖 꽃들이 만개하고 벚나무가 이상한 세상을 열어젖히고 마침내 복사꽃마저 아릿한 혈흔처럼 번져 나갈 때, 아픈 데도 없이 이상한 통증이 느껴지면서 나는 나도 모르게 나를 잃고 속울음으로 나를 찾아다닌다. 그러나 끝내 나는 나에게 닿지 못한다. 봄은 세상에 태어난 자체만으로도 특별해지다가 울렁울렁 멀미가 나면서 쉽게 빠져나가기 어려운 코스가 되기도 한다.

하지만 새싹들의 연둣빛이 장엄하다. 새 세상을 열겠다고 늘 목소리를 높이는 정치판은 결코, 이 조용하고도 엄숙한 세상에 이를 수 없다. 어떤 공약도 이 일 앞에서는 시시하다. 이 일이 세상에서 가장 믿을 만한 일이다. 엉겅퀴 미나리 쑥부쟁이 참나물 곰취 방풍나물 원추리 등 모두 제 자리를 알리며 일어섰다. 누구나 주체적으로 특별하면서도 아무도 상대적으로 특별하지 않다. 이 명확한 질서로 자연은 완전함에 이른다. 납작 엎드렸던 금전초 달맞이꽃 방가지똥 뽀리뱅이 잎에 초록 생기가 돈다. 각자 다른 모습이 서로 연결되며 리듬을 탄다.

밭은 내게 365페이지짜리 책이다. 일 년 열두 달 거의 날마다 들락거리며 읽고 있는데 지금부터 그야말로 하루하루가 다르게 변한다. 요즘은 읽고 돌아서기가 무섭게 금세 다른 내용으로 넘어가 있다. 겨울초 하나만 보더라도 속도감이 그대로 느껴진다. 겨우내 파르라니 풋나물로 좋다가 대를 올리는가 싶더니 지금은 꽃이 다 피어 벌을 부르고 있다. 노란 꽃과 벌이 만나니 바람이 그냥 있을 수 없어 하늘하늘 날개 자락을 풀어 함께 한다. 풍경이 부드러운 천 같다.

나무에는 물이 오르기 시작한다. 가만히 귀를 대 보면 물 오르는 소리가 들린다. 물이 밑에서 위로 흐르는 기적이라니, 가지가 빨아올리는 걸까. 뿌리가 뿜어 올리는 걸까. 나무마다 생명의 기운이 분수처럼 솟구치는 중이다. 소리소문없이 참으로 경이로운 일이 참으로 아무렇지도 않게 벌어지고 있다. 이때는 부지깽이를 꽂아도 싹이 난다는 말이 있다.

하루하루 접목해야지 하면서 그만 물오르기 전의 정확한 시기를 놓쳤다. 나무마다 새순이 터지는 걸 보면 아무래도 늦은 감이 있다. 그래도 잘라 둔 가지가 아까워 일단 해보기로 했다. 접붙이는 건 내 생에 처음 해보는 일이다. 알아보니 접목할 수 있는 나무도 많고 방법도 다양하다. 어릴 때 고욤나무에 감나무 접목하던 것만 봤는데 같은 종이 아니더라도 나무는 받아들이는 모양이었다.

막상 '접목'이라는 말을 현실적으로 마주하고 보니 지금껏 접목 한 번 해보지 않고 이 말을 써 왔구나 싶다. 그러면서 내게도 살아오면서 수많은 접목의 순간이 있었다는 생각이 든다. 새로운 성장을 위한, 새로운 인연을 위한 고통을 감내하는 순간이다. 날이 무딘 칼로 해서 그런지 나무마다 완전한 밀착이 되지 않는다. 육감적으로도 서로 받아들이는 느낌이 없다. 이래저래 성공할 수 있을지 모르겠다.

산에서는 홑잎에서부터 두릅 찔레 다래 제피 오가피 음나무 고추나무 고광나무 등의 새순이 나오기 시작한다. 보리밥을 해서 비벼 먹으면 또 다른 봄이 열린다. 벌깨덩굴 우산나물 미나리냉이 바디나물 미역취 참취 단풍취 등 산에서만 얻을 수 있는 나물도 지금부터다. 이때쯤에는 산이고 밭이고 먹을거리가 지천이다. 먹는 방법도 다양해진다. 비빔밥에 비빔국수도 하고 이것저것 넣어서 전을 부쳐 먹기도 하고 떡도 하고 잘 먹히지 않는 장아찌도 결국은 한다. 하루하루 풍성한 잔치에 초대된 나는 마냥 바쁘다. 일 년 중 지금만큼 신날 때가 없다.

봄이 좀 더 깊어지면 고사리나 고비도 꺾고, 산호자 잎이나 누리장나무잎도 맛본다. 그러나 먹을 욕심보다 이들을 만나러 돌아다니는 재미가 더 크다. 올해도 만났구나, 손잡고 눈을 맞춘다. 돌아다니다가 얼레지 앵초 구슬봉이 노루귀 노루발 으아리 등을 만날 때면 잠시 발걸음을 멈춘다. 나를 향한 온 마음이 느껴져서다. 가파르거나 힘든 길을 만나면 나를 잡아주려고 손을 내미는 나무도 꼭 있다. 이들이 든든해서 세상만사를 잊는다. 가끔은 스릴을 느끼기도 하는데 웬만한 수련으로도 얻을 수 없는 고차원 쾌감이다.

 숲은 그야말로 은밀하고 고고한 인문의 장소다. 온몸으로 읽고 온몸으로 쓰고 온몸으로 실천하는 이들이 산다. 서로 마구 섞여 살면서 터득한 질서와 안정이 있다. 숲은 우리가 내뱉는 이산화탄소를 산소로 바꿔주는 일도 하지만 온갖 소문을 받아들여 침묵을 산만큼 키운다. 그 육중한 침묵 속에 고립될 때 숨통이 트이며 나도 한층 맑아진다. 피까지 정화되는 기분이다. 바스락바스락 길 없는 길로 내디딜 때 원초적인 감각이 명랑하게 깨어난다. 꽃 보며 황망히 놓쳤던 나를 여기서 찾는다. 내가 갈 때가 어디 있겠는가. 나는 여기 있었다.

 문득 나를 이루고 있는 윗대의 발소리와 숨소리가 들리는 것 같기도 하다. 우리가 살고 돌아가는 일이 여기 다 간직되어 있을 것만 같다. 엄마의 발자국도 여기 묻혀 있다. 엄마는 더 많은 산나물을 알고 계셨다. 나보다 훨씬 깊게 연결되어 있었다. 이제는 엄마를 놓치듯 많은 걸 놓쳤다. 그래도 숲속 정령들이 엄마를 보살폈듯 내 몸과 정신을 돌보려고 나를 줄곧 찾고 있다는 걸 안다. 봄만 되면 몸이 먼저 내닫는 건 다 그런 이유 때문이리라. 나는 나를 위한 정령들의 주문을 내 몸 구석구석으로 나른다. 나도 언젠가는 이들로 현현하기 위해.

 나 모르게 아래 밭 땅을 뒤집어 놓은 일은 그 의문을 반쯤 풀었다. 경운기를 몰고 다니는 할아버지께서 내가 묻지도 않았는데 멧돼지가 그랬을 거라 하셨다. 하긴 멧돼지 말고는 다른 답이 없다. 세 이랑이나 되는 것을, 멧돼지는 어쩌면 사람이 한 것처럼 그렇게 반듯하게 해놓고 갔을까. 작년 고구마 파먹은 것 같는다고 다녀간 것일까.

곡우가 가까워지면서부터는 본격적으로 모종도 심는다. 토마토 오이 참외 가지 야콘 등 다 산다. 수세미나 여주는 먹는 용이라기보다 보는 재미로 심는데 심다가 말다가 한다. 작년에는 빠트렸는데 올해는 또 모종을 사 봤다. 고추는 찬 기운이 조금이라도 남아 있으면 위험해서 더 늦게 산다. 어떤 모종이든 오후에 심어야 몸살을 덜 한다. 그래야 밤을 맞아 일단 한숨 푹 자게 된다. 포트에 담겨 있는 걸 그대로 빼내서 옮기는 것인데도 다들 새 터에 적응하는 시간이 한 달은 족히 걸린다. 사람이나 식물이나 터를 옮기는 일은 보통 일이 아니다.

이만큼 살고도 아직 봄기운이 관여하는 일에 내가 모르는 게 많다. 운동한다고 아파트 계단을 걷는데 복도 한쪽 까만 비닐 봉지 속에 무 몇 개가 담겨 있는 걸 겨우내 봤다. 누가 내놓고 잊어버린 모양이었다. 나도 무는 그냥 무라서 아무 생각 없이 지나치곤 했다. 그러던 어느 날 이들에게서 일제히 꽃대가 올라오더니 보라색 꽃이 울컥 터졌다. 나의 지축을 흔드는 것 같은 폭발음이 들렸다. 덩어리에 불과한 것 같던 무가 숨을 쉬고 혈맥이 있고 집념이 작동하는 존재라는 걸 알았을 때 봄 옆구리 통증이 아릿하게 전해졌다.

감자가 죽은 자리에서도 또 놀랐다. 죽고 없는 빈자리에 대파 씨를 넣으려고 손을 넣었는데 뭐가 동글동글한 게 만져지는 게 있었다. 파 보니 뽀야니 진주알만 한 아기 감자가 들어 있었다. 심은 자리마다 다 있었다. 아무리 생각해도 나는 이 사건을 이해할 수 없었다. 싹이 난 것을 잘라 심었고 그 싹이 자라다 죽었는데 도대체 무엇이 생명으로 다시 나타날 수 있단 말인가.

 설마하니 싹을 감싸고 있던, 썩어가던 그 조그만 살점이 위기를 감지하고 이런 일을 벌였단 말인가. 설마하니 그 살점에도 새 생명을 잉태할 뜨거운 무엇이 있었단 말인가. 자기들만의 비밀로 기어코 급하게 슬어 놓고 간, 이쪽에서 저쪽으로 순간 도약한 숨결과 체온의 내용이 참으로 말갛고도 깊었다.

나를 키우는 것들

보리수나무 새순 돋던 게 엊그제 같건만 꽃이 다 피었다. 언제부턴가 비스듬히 넘어진 상태였는데 어느 사이 새 기둥이 올라오면서 넘어진 기둥을 딱 받쳐 주며 다시 균형을 잡았다. 이 모습을 본 남편은 자식이 태어나 부모를 돕는 거란다. 내가 보기도 그렇다. 자식이 집안을 다시 일으켜 세워 하얀 꽃이 만발했다. 어떤 위치에서 어떤 방향으로 몸의 중심을 다시 잡을 건지 감각적으로 정확히 계산해 내다니 놀랍다.

눈개승마는 올해도 처음 심은 그대로의 가지만 올라온다. 몇 년이 지나도 도무지 개체 수가 늘지 않는다. 자손 번식에 이렇게 게으른 것도 있나 싶어 의아해서 알아보니 환경이 맞지 않는 거였다. 고산지대에 응달을 좋아하는 것을, 우리 밭은 평지에다 종일 햇볕이 든다. 알고 보니 꽃도 피고 씨앗으로 파종도 하는 종이었다. 그런데 어느 날 모종 가게 주인으로부터 의외의 수를 들었다. 가지를 벌게 하려면 충격을 강하게 주어야 한다는 것이다. 봄에 대가 올라오면 자꾸 꺾어버리란다. 나는 오랫동안 개체 수가 좀 많아지면 먹으려고 기다렸는데 꺾어 먹어야 많아지는 거였다. 귀한 거라 애지중지했더니 함부로 대해야 힘이 붙는 거였다.

키위나무 저 처절함을 어찌해야 할까. 올해도 싹을 내민다. 오래전에 열매 못 맺는 걸 사서는 할 수 없이 밑동까지 베어 버렸던 나무다. 그런데도 긴 세월 포기할 줄 모르고 봄만 되면 계속 가지를 밀어 올린다. 나는 가지를 내면 잘라버리고, 내면 잘라버리는 모진 짓을 자꾸 해 왔다. 바로 옆에다 심은, 새로 산 나무가 잘 살게 하기 위해서였다. 그렇게 오랫동안 절망의 감옥 속에서 뿌리만으로도 끈질긴 생각이라니, 몇 년이나 지난 지금도 아직 희망 쪽이라니, 바깥 하늘을 향한 집요함에 나는 그만 으스스해지고 만다.

키위는 암수를 같이 심어야 열매를 맺는 것을, 나는 그런 것도 모르고 샀다. 내가 심은 게 암나무인지, 수나무인지 모르니 다시 사 심는 수밖에 없었다. 다행히 암, 수 따로 살 필요도 없이 교배된 것이 나와 있었다. 이 나무는 매해 열매가 많이 달린다. 그러나 여태 먹는 재미는 그렇게 보지 못했다. 옳은 걸 얻으려면 꽃을 많이 솎아 주어야 하는데 뭐가 그렇게 바쁜지 그럴 여력이 없다. 그래도 꽃만으로도 본전을 뽑는 일이다. 꽃이 피면 향기를 몇 말은 얻어 마시는 것 같다.

키위 꽃망울이 부풀어 오를 때면 가죽나무 순이 나오기 시작한다. 1차로 따 먹고 늦게 올라오는 걸 2차로 따 먹다 보면 제법 오래 즐길 수 있다. 특유의 향이 미각을 자극해서 봄에 나는 새순으로 단연 으뜸이다. 하도 좋아해서 심을 데는 없고 아래 밭 가운데다 심었더니 앞쪽 할머니는 나무를 밭 가운데다 심는 다고 한참을 핀잔하셨다. 그러나 나는 내 결정을 후회하지는 않는다. 김치를 담가 먹기도 하고, 쌈으로 먹기도 하고 오래 먹으려고 장아찌로 만들기도 한다. 내 식성을 닮아 아이들도 가죽 순만 보면 탄성을 지른다. 순을 너무 따버리는 것도 미안한 일인데 그렇게 당하고도 나중에 보면 언제 그랬느냐는 듯, 큰 잎들이 너풀거리고 있다.

이맘때 돌나물 물김치도 한번 담가 먹지 않으면 섭섭하다. 부추 미나리 참나물 달래 할 것 없이 보이는 대로 다 넣고 맵싸한 고추 몇 개를 넣어 담는다. 각자 살아가는 기운이, 서로 다른 성질과 서로 다른 맛이 만나 알싸한 조화를 이룬다. 이 조화로운 맛이 몸의 구석구석 피로를 다 찾아내 풀어준다. 한 줌 심은 것이, 지금은 밭 전체로 돌아다닐 뿐만 아니라 길가에까지 나가 빽빽이 자리 잡았다. 돌나물 근성도 알아주어야 한다. 번식력도 대단하지만, 생명력도 타의 추종을 불허한다. 뽑혀서 근 한 달을 죽었다가도 비만 오면 다시 살아난다고 보면 된다.

그새 입하다. 어느샌가 아까시꽃이 핀다. 새삼 '아까시'로 쓰고 보니 어감상 와닿지를 않는다. 자라면서부터 '아카시아'와 함께 했기 때문일 것이다. 그래도 아까시와 아카시아는 엄연히 다르고 우리가 아는 아카시아는 아까시라고 한다. 아까시나무는 흔해서 어디를 가나 짙은 향기가 밀려온다. 아까시꽃처럼 세상을 이렇게 점령해버리는 게 상책이다. 꽃동네마다 벌떼를 부르고 산하의 가슴은 더 뻐근해진다.

아까시꽃이 피면 참깨 파종할 시기다. 하루 날을 잡아 두 이랑 남짓, 싹이 잘 나 주기를 바라는 마음도 심고 아른거리는 엄마도 만나면서 한나절을 앉아 있었다. 참깨는 싹만 잘 나 주면 되는 일인데 어찌 된 건지 매해 싹이 반도 안 난다. 깨가 잠에서 깨어나지 못하는 것인지, 흙하고 소통이 되지 않는 건지, 새들이 와서 쪼아먹는지 모를 일이다. 다시 심을 걸 대비해 한쪽에다 씨를 좀 뿌려두었다.

참깨 심는다고 앉으니 바래기 풀이 뽀족뽀족 나오고 있다. 다른 종류에 비하면 늦게 나타나는 편이다. 늦게 나타나는 건 아마도 다른 풀에 대한 배려심인 것 같다. 바래기*가 초봄부터 나타난다면 다른 풀이 올라오기가 그만큼 힘들어질 것이다. 키를 키우는 것들이 먼저 올라오고 바래기가 출발하는 게 순서상 맞다. 내가 보기에 이들은 틈을 지향하는 성격 같다. 빈 곳을 메우는 데는 선수다. 아주 작은 공간도 그냥 내버려 두는 법이 없이 촘촘히 메워나간다.

사람이 바래기를 먹지는 않지만, 왕성한 기운을 보면 누구한테 물어볼 필요도 없이 분명 좋은 약성을 가지고 있을 것이라는 걸 나는 직감적으로 안다. 실제로 여러 방면의 약성을 가진 약초다. 그래서인지 소가 아주 좋아하는 풀이다. 바래기를 보면 요즘 소들이 이걸 먹지 못하는 게 안타깝다. 소가 갇힌 지가 언제인데 바래기는 여전히 소 밥이 되려는 소명의식에 몰두한다. 오체투지 하듯 바닥을 기며 몸을 바치려는 바래기를 보며

＊바래기 : '바랭이'의 경상도 사투리

35

이제는 그렇게까지 하지 않아도 된다고 말해 주고 싶다. 그러나 핏속으로 유전된 삶의 방식을 어떻게 거부할 수 있을까.

하루는 아로니아 나무를 지나다가 나무에 매달려 있는 거무스름한 뭉텅이 앞에 섰다. 그리고 보니 거기만 있는 게 아니었다. 농막 한쪽 구석에도 붙어 있다. 해마다 나는 이 생명체 덩어리 앞에 숙연한 마음으로 선다. 점같이 자잘한 것들이 엉겨 있는데 내 눈길이 닿는 것만으로도 위험을 감지하는지 마치 꽃이 피듯 확 펴졌다가 내가 뒤로 물러서면 다시 뭉친다. 거미 새끼들이다. 나는 가까이 갔다가 물러섰다가 하고, 이들은 흩어졌다가 뭉치기를 반복하는 놀이를 한참 했다.

허술하기 짝이 없는 집에서 휑뎅그렁 매달린 채 꼬물거리고 있는 모습을 보면 그저 짠해진다. 엄마 품도 없이 부화해 각자 살아내야 한다는 사실에 내가 다 서러워진다. 태어났구나, 태어났구나, 자꾸 되뇌게 된다. 그러나 내게서 일어나는 연민일 뿐, 새끼거미들의 핏속에는 서글픈 구석이 있을 리 없다. 마음을 내지 않으면 아무 일도 없다. 세상은 그냥 살아가는 일이다.

여기저기서 고구마 순이 등장하고 있다. 비 오는 날에 맞춰 나도 모종을 한 단 샀다. 자리는 옥수수 옆이다. 옥수수 옆에다 심으면 고구마로선 뻗어 나가기에 좋고 나로서는 주변 풀을 덮어줘서 좋다. 지지대가 필요한 넝쿨성 종류도 옥수수 옆에 심으면 타고 올라간다. 이처럼 작물도 서로 섞여 사는 게 좋다.

고구마도 다른 것에 비하면 한참 늦게 심는 편인데 서리 피해가 없을 정도에서 수확하니 서너 달 걸리는 일이다. 밋밋한 줄기 한 가닥에서 서너 달 만에 머리 굵은 새끼들이 주렁주렁 매달려 나오는 걸 보면 고구마 수법도 여간 신통한 게 아니다. 그렇다고 잘 먹는 것도 아니다. 고구마는 거름을 주지 않는다. 잘 먹으면 뿌리는 신경 쓰지 않고 잎만 너풀너풀 키우다 간다.

고구마를 심고는 옆에 있는 아욱잎을 뚝뚝 끊어서 된장국을 끓였다. 사철 뭉근한 된장국이 우리 가계의 젖줄처럼 이어진다. 윗대부터 흘러온 것이 지금 내 부엌을 지나고 있다. 봄에는 봄나물, 여름에는 고구마 순, 가을에는 배춧잎이나 무청 등 철 따라 나는 온갖 것이 된장국으로 들어가 우리 몸속을 통과한다. 때로는 묵나물이 들어가기도 한다. 나물과 된장이 만나 풀어내는 된장국은 성경 말씀이나 불교의 게송만큼이나 부드럽고 심오하게 우리 영혼을 담당한다.

유월의 미술관

햇볕이 더 후끈해지면서 식물들 자라는 게 보일 정도다. 이제야 접붙였던 일이 생각나 나무마다 들여다보니 하나도 성공하지 못했다. 어쩐지 그럴 것 같았다. 살과 살을 붙이는 일이고 이쪽 피와 저쪽 피가 흐르게 하는 일인 것을, 그 미세한 일에 아직 내가 서툴다는 걸 인정하지 않을 수 없다. 무엇보다 내년에는 내가 나무가 돼 봐야 할 일이다.

그새 매실이 익고 4월 초에 심은 생강이 올라온다. 생강은 촉이 다 난 걸 심는데도 두 달여 죽은 듯이 있다가 이제 싹을 내민다. 옥수수도 감자도 고추도, 자신감을 차렸다. 작물이나 풀이나 모두 자기가 자기를 만들어 간다. 자기 운명에 절치부심 깨어 있다. 사방으로 예술가들의 작품이 펼쳐진다.

개망초는 나도 질세라 아무 데서나 바짝 붙는다. 발 내딛는 곳마다 개망초가 웃고 섰다. 메밀꽃이 소금 뿌린 듯하다면 개망초꽃은 사방을 안개처럼 덮는다. 묵정밭 하나 자욱한 꽃세상으로 일으켜 세우는 건 일도 아니다. 나는 단독으로 기품을 뽑내는 것보다, 이처럼 더불어, 함께하는 꽃에 더 마음이 간다. 우리나라 토종이 아니라 외국에서 들어온 귀화 식물이라고 하는데 조선이 망해가는 구한말쯤이라고 해서 이름이 지어졌다는 설이 있다. 꽃이 무슨 죄가 있다고 이름을 그렇게 지었을까. 그러나 개망초야 자기들이 그런 이름을 받았는지도 모르는 채 해맑기만 하다. 사실 세상의 꽃들이 인간의 언어에 갇힐 필요는 없다. 꽃 이름이야 다 인간 마음이 투영된 단어이자 인간 끼리 통용되는 해석일 뿐이다.

개망초가 세상을 하얗게 덮는 만큼 거리마다 금계국이 또한, 주홍빛으로 일렁인다. 금계국은 꽃의 색을 보고 이름 지었을 것이다. 코스모스만 그런 줄 알았더니 이들도 길가에서 오가는 손님 환영하는 걸 즐긴다. 지금은 누구든, 어디를 가든 이들의 환대를 받을 수 있다. 이들도 코스모스처럼 와와, 힘내라고 격려해 준다. 넉살 좋게 우리 밭 안쪽까지 들어와 그건 안 된다고 막아섰지만 눈 피로에 좋다고 해서 꽃을 좀 챙겼다.

울타리 쪽에는 보리가 근 여덟 달 걸려 자신을 완전히 밝혔다. 보리가 보여 주는 작품에 제목을 단다면 '완성' 쯤 될 것이다. 그렇다. 오직 자신에게만 집중하면 이 세계가 열린다. 고작 반 이랑 심은 보리가 금빛으로 고랑에 넘쳐 일렁이며 내 가슴으로까지 밀려든다.

뽕나무의 지금 주제는 올해도 '고난'이다. 이가 생겨 곤욕을 치르고 있다. 잎과 열매 할 것 없이 하얗게 붙었다. 너무 많이 붙다 보니 바람이 불면 휠휠 날리기도 한다. 기다랗게 생긴 것이 누에고치에서 뽑아내는 하얀 비단실처럼 보인다. 뽕잎과 누에와 이 벌레의 관계가 참으로 묘하다. 한번은 이들을 잡아보겠다고 용을 쓰고 있으니 옆에 지나가던 할아버지가 그게 다 나무가 면역력이 없어서 그런 거라고 한마디 하신다. 열매를 크고 먹음직스럽게 하려고 인위적으로 건드려 그렇다는 것이다. 하긴 야생뽕나무에는 이런 일이 없다. 다섯 그루나 되는데 베어버리라고 충고하는 사람도 있다.

  뽕나무 심정이 되어 울울해지려는 마음을 싱아 만난 것으로 풀었다. 올해는 운 좋게 그렇게 오매불망 보고 싶었던 싱아를 보게 되었다. 의상대사 순례길 걷는다는 남편을 따라나선 길에서였다. 한 번도 실물을 본 적이 없었는데 나는 싱아를 단번에 알아봤다. 소리쟁이나 수영하고 비슷했지만, 조금 달랐다. 그러나 내가 싱아를 알아본 건 무엇보다 싱아가 먼저 "내가 싱아야" 하면서 나를 조용히 불러세웠기 때문이었다. 줄기를 꺾어 먹어봤더니 신맛과 약간의 단맛이 묘하게 어우러져 계속 당기는 맛이었다. 어쩐지 그 먼 곳을 따라나서고 싶더라니, 싱아를 만나려고 그랬던가 보다. 얼마나 보고 싶었으면 만나고 나니 이제 여한이 없다는 생각까지 든다. 박완서 선생의 『그 많던 싱아를 누가 다 먹었을까』를 드디어 완독하게 됐다.

  대파 모종을 얻은 게 있어 심다 보니 지렁이 활동이 왕성해졌다. 우리 밭은 그야말로 흙 반, 지렁이 반이다. 그새 흙을 온통 동글동글하니 떼 알로 만들어 놓았다. 지렁이가 일군 흙은 색깔이 거무스름하다. 이 녀석들이야말로 숨은 일꾼들이다. 생태계 공학자라는 말도 있다. 먹고 싸는 일만으로도 흙을 도와줄

뿐 아니라 굴을 파면서 공기 소통도 시키고 미생물이 잘 살 수 있는 환경도 만들어 준다고 한다.

여기저기서 개구리도 막 튀어나온다. 어떤 녀석은 내게 경계심도 없이 한자리 오래 앉아 숨을 할딱이며 "당신은 누구요?" 묻는다. 나는 언제나 이런 질문이 가장 어렵다. 그냥 "아이고, 안녕" 하면서 너스레를 떤다. 지금은 보이지 않지만 오래전 두꺼비와 맞닥뜨린 적이 있는데 두꺼비는 내 답이 나오기를 더 오래 기다렸다. 그런데 이상하게도 두꺼비한테는 존댓말이 나오고 말았다. 그때 두 손을 모았던 기억이 난다.

개구리 녀석을 장갑 낀 손에 올려보았더니 겁을 내지 않고 보내줄 때까지 가만히 있다. 서로 말은 통하지 않아도 마음은 통하는 게 있다. 논에 물이 잡히는 시기, 폴짝폴짝 뛰어다니는 개구리는 풀만큼이나 들판을 싱그럽게 하는 행위 예술가다.

나는 점점 밭에 가기가 겁이 난다. 개구리가 많이 보인다는 건 벌레들이 본격적으로 나타났다는 거다. 벌써 모기도 있다. 벌레뿐만 아니라 풀도 자신을 지키기 위해 바짝 독이 오르기 시작한다. 어리바리한 나는 여기서 쩔쩔맨다. 무장을 잘 하지 않으면 무엇에 당할지 모른다. 모자와 마스크로 중무장하는데도 집에 와 보면 몸에 발진이 생기며 가렵다. 모래알처럼 오돌토돌해지기도 하고 빨간 점으로 넓게 나타나기도 한다. 눈에 보이지도 않아 아직 이름을 모르는 벌레는 물리면 그 자리가 벌겋게 부어오르면서 진물이 난다. 통증이 며칠이나 간다. 눈에 보이지도 않을 만큼 작은 몸에 어쩌면 그렇게 강한 독을 저장하고 있는 것일까.

인동덩굴은 밑동을 그리 제거했는데 고생한 보람도 없이 내가 없앤 이상으로 다시 불어났다. 줄기가 땅에 살짝만 닿아도 뿌리를 내리는 바람에 자라서 쳐진 것 중에는 새 자리를 찾은 게 많다. 꽃이 한창 피기 시작하면서 소문이 났는지 사람들이 수시로 와서 꽃을 따 간다. 향이 어찌나 좋은지 꽃 따다가 '자물시는' 기분이 된다. 내 눈에 띄지 않은 뿌리가 살아남아 황금 울타리를 만들고 사람을 부르고 꽃향기 가득한 세계를 열어젖힌다. 이 세계가 너무 아득하여 나는 바닥에서 개미처럼 꼬물거린다.

조용한 혁명

 돌나물꽃이 폭죽 터지듯 터진다. 무리 지어 피면 백열등보다 밝다. 이들의 촉발에 웬만한 그늘은 물러날 수밖에 없다. 내 발등도 드러난다. 진리는 결코 말이 가닿을 수 있는 영역이 아니다. 이렇게 불현듯 주변을 밝히는 것이다.
 달래꽃은 드문드문 행성처럼 떠 있다. 달래는 내 중력에 휩쓸린 거다. 오래전 시골집에서 나를 따라와 내 주위를 돌고 있다. 꽃을 보면 입이 다물어지지 않는다. 뿌리로 새끼를 몇 배로 치면서 꽃으로도 이렇게 욕심을 부린다. 가는 줄기 위로 마치 별이 뭉친 듯 자잘한 꽃들이 수십 개 모여 있다. 곧 불길을 일으키며 터질 것만 같다.
 하루는 건너 밭에서 보리수 열매 좀 따 가라고 일부러 오셨다. 성격이 괄괄하고 목소리도 커서 주변을 확 휘어잡고 계시는데 보리수 열매 같은 단 마음도 있다. 가 보니 몇 그루 되는 나무에 열매가 내리쏟듯 달려 있었다. 작정하고 쏟아내는 것에 나는 완전히 빨려들고 말았다. 뭐든 계산대로 살아지는 게 아니다. 손 관절도 안 좋아지면서 일을 줄여야지, 하면서도 보리수 열매가 나를 완전히 가지고 놀았다. 어디 보리수뿐이겠는가. 내가 주도적으로 사는 것 같아도 대개는 휩쓸리는 일이다. 또 어디에 붙들릴지 모른다.

마늘은 봄기운에 생기를 찾는가 싶더니 그새 수확할 시기가 되었다. 그런데 올해도 작황이 그리 썩 좋지 않다. 봄비가 잦다 보니 전국적으로 잎마름병이 돌았다. 잎이 누렇게 떠서 엉망이다. 잎이 뜨면 뿌리가 썩는다. 좀 더 두고 싶지만 거두어야 한다. 악조건 속에서 그래도 최선을 다했다. 봄 햇볕 두세 달에 자기 근본을 완전히 드러냈다.

하마터면 나는 양파도 마늘과 같이 뽑을 뻔했다. 그런데 올해서야 새로운 사실을 알게 되었다. 양파는 줄기가 마르면서 뿌리 입구를 잘 막고 나면 그때 뽑아야 한다는 거다. 그래야 썩지 않고 오래 보관할 수 있단다. 둔한 나는 그동안 양파가 썩어도 물러서 그러려니 하면서 어쩔 수 없는 거라고만 여기고 있었다. 등산하던 중에 어느 밭 양파가 줄기가 다 마른 채로 그대로 있는 걸 보고서야 무슨 일인지를 알아차렸다. 이 이치를 알게 되기까지 너무 오래 걸렸다. 그래도 지금이나마 알게 된 게 어딘가. 이렇게 내게 하나의 이치가 또 터졌다.

참깨는 올해도 역시 또 한 번 고생해야 한다. 싹이 거의 나지 않아 그 자리를 포기하고 마늘, 양파 뽑은 자리에 심기로 한다. 참깨 모종을 옮겨 심고 있노라니 등짝이 무척 따갑다. 따가워진 햇볕만큼 이 어린 것들을 일으켜 세우는 게 예삿일이 아니다. 심어 놓고 햇볕에 탈까 봐 풀을 준비해서 포기마다 일일이

에워싸준다. 심는 일보다 이 일에 손이 더 많이 간다. 이런 나의 고생도 모르고 옆 밭 아주머니는 수십 년 농사지은 자기보다 참깨를 더 잘 살려 낸다고 치켜세워 주신다.

그러나 기실 참깨가 더 힘이 들 것이다. 이 땡볕에 뽑혀 다시 다른 자리에서 뿌리를 내려야 하니 얼마나 기가 막힐 일인가. 실오라기 뿌리가 엄마 젖을 찾아 기운을 찾기까지 지난한 과정을 거쳐야 할 일이다. 하지만 참깨는 기어코 일어선다. 제자리에서 자라는 것보다, 옮겨 심으면 더 강해진다.

흙에 참깨를 부탁하고 나니 이제는 풀이 우악스럽게 덮쳐온다. 참깨 심는 데서도 내 팔을 툭툭 쳤었다. 나는 낫을 든다. 그리고는 이들을 수시로 친다. 풀은 베도, 베도 끝없이 나를 들이받을 듯이 지치지도 않고 일어선다. 그럴수록 힘을 받아 고개를 더 빳빳이 쳐든다. 거룩한 저항을 마주하며 나는 닥치는 대로, 마구잡이로 친다. 이런 폭군이 없다. 시퍼런 날에 이들은 맥없이 주저앉는다. 피 냄새가 훅 올라온다. 어쩐다고 피에도 평화의 냄새가 난다. 나는 이들이 남길 씨를 더 무서워하고 있다. 그러나 결국 낫을 든 내가 지는 일이다. 평화의 뿌리는 강하고 강해서 어디 구석진 곳, 단 한 포기만 살아남아도 이 세력으로 바로 회복하여 일어설 수 있다.

그래, 그래야 풀이다. 풀이라는 공동체는 언제나 자연의 회복에 동원된다. 행여나 흙이 오염되고 파괴되지는 않는지, 행여 흙이 숨쉬기가 힘들지는 않은지, 행여 온도나 습도는 적당한지, 빗물이 너무 빨리 사라져버리지는 않는지 어디든 부리나케 나타나 노심초사 몸 봉사를 한다.

감자도 풀을 베고 나니 제대로 보인다. 하지가 되려면 보름 정도 남았는데 누런 감자 줄기가 힘없이 쓰러진다. 감자꽃 피고 감자꽃 지는 사이를 지나다니다가 쓰러지는 감자를 보며 나는 뿌리가 얼마나 들었을지 한껏 달뜬다. 어미 몸이 아무리 말라비틀어져도 씨눈은 끝내 살아남지를 않나, 싹이 죽어버린 데서도 새끼를 치지를 않나, 감자가 살아가는 기세도 여간 아니다. 아니나 다를까, 허연 알 덩어리가 속속 만져진다. 종자 사는 데 이천 원 든 거 치고, 한 바구니 건졌으니 감자 농사는 올해도 풍년이다. 캐면서 놓친 게 있을 텐데 감자가 누구인가, 아무리 땅속에 오래 있어도 썩지 않는다. 나중에 결국은 만나게 된다.

이 무슨 일인지, 곧 들깨를 심어야 하는 자리에 정신없이 풀을 뽑고 휘적휘적 도망치듯 걸어 나오다가 나는 그만 눈이 휘둥그레지고 말았다. 봄에 접붙이기 실패한 감나무에 가지마다 감이 빽빽이 달린 게 아닌가. 십여 년 꽃도 피지 않았던 나무다. 그동안 자세히 보지도 않았더니 올해는 꽃이 피었던 모양이다. 감나무는 접을 붙이지 않으면 열매를 못 맺는다고 알고 있었는데 이런 꿈 같은 일이 일어났다. 접붙인다고 가지를 자른 일이 충격이 된 것일까. 분명 단감나무에서 새끼 친 것을 심었거늘 동이감이 열린 걸 보면 접을 붙이지 않으면 다시 원래대로 돌아가는 모양이다.

들판은 이런 조용한 일로 가득하다. 이 조용한 일들이 내 몸 작동에도 도움이 되는지 밭에만 가면 나도 모르는 사이 배가 꺼져 있다. 어떨 땐 허기를 느끼고 싶어서라도 밭을 들린다. 병원 가듯 몸을 밭에 맡기면 눈에 들어오는 온갖 것들과 햇볕과 바람과 들판의 지기에 의해 찌뿌둥한 몸이 개운해진다. 세포 속 찌든 때도 씻겨나가는 듯하다. 결코, 기분 탓이 아니다. 탁 트인 공간에서 자연이 가진 진실과 신선한 공기가 주물러주는 효과가 분명 있다.

　장마 소식이 들리고 논에는 모가 벌써 땅심을 많이 받았다. 희뿌연 날씨 속, 참 철없는 인간을 위한 모의가 저리도 푸르다.

님들의 자세

후덥지근한 날씨가 이어진다. 연일 비가 쏟아진다. 작물은 한겨울 모진 고난이 기회인 것에 반해, 장마철 물 만찬은 오히려 최대의 위기이다. 상추는 녹아버리고 오이는 줄기가 마르고 옥수수는 깜부기병이나 벌레가 생기고 양배추는 진딧물을 덮어쓴다. 주먹만 하게 큰 참외들이 무르고 썩는다. 토마토는 열매를 주렁주렁 달고는 한순간에 생명 활동을 접는 게 생긴다.

풀은 더욱 신이 났다. 비 음악에 맞춰 서로 엉겨 난리블루스를 춘다. 같은 종도 아니면서 껴안고 흐느적거린다. 그렇게 쳐내고 뽑아냈는데도 다시 힘을 차려 한껏 물이 올랐다. 몸을 키울 대로 키우는 시기라 내 발, 하나 들일 틈이 없이 밭의 공백이 완전히 메워진다. 지금부터는 풀을 상대하지 않는다. 슬슬 피해 다닌다. 내 눈만 질끈 감으면 되는 일이다.

그러나 눈 질끈 감는 일도 생각처럼 쉬운 건 아니다. 풀 보고 있는 일이 얼마나 힘들면 누군가 우리 밭쪽까지 와서 약을 쳤다. 그러는 바람에 밭 언저리 퍼져나가던 백리향이 그만 죽고

*48

말았다. 화분에서 날아간 씨 하나가 용케 새살림을 일으켜 어찌나 예쁘던지 오며 가며 눈길을 주었는데 여간 안타까운 일이 아니었다. 신경을 써 준 일인데도 나는 고맙기는커녕 한참 동안 괘씸하기까지 했다. 나무만 몇 그루 있는 위쪽 밭에는 일 년 내내 하는 일이라고는 농약 치는 일뿐이다. 몇 번을 치는지 모르겠다. 거둘 것도 없는 밭에 풀은 기어코 깔끔하게 없애야 한다고 믿는 사람이다. 앞쪽 할머니도 연세가 여든에 가까워 가는데도 풀 때문에 도저히 잠이 안 온다면서 이 더위에 농약 통을 지고 돌아다니시는 것을 본다.

야생콩은 신이 났다. 남들이 한창 씨 맺을 때야 등장해 장마를 지나면서 주변을 완전히 덮어 나간다. 넝쿨성은 식물계에서 참으로 묘수를 선택했다. 남들은 한자리에서 꼼짝할 수 없는데 비해 이들은 한자리에서도 어디든 가고 싶은 데를 갈 수 있다. 남에게 같이 놀자는 시늉으로 접근해서는 이내 감아버리거나 올라타서 희희낙락이다. 야생 콩이야말로 남 신경 안 쓰고 세상은 한바탕 잘 놀다 가는 것으로 이해하는 듯하다. 우리 밭에는 주로 돌콩과 돌팥, 새콩이 보인다. 나는 장마에 잎이 부드러워진 걸 따서 물김치나 된장 장아찌를 만들어 보기도 한다. 까칠까칠한 콩잎 반찬을 먹으면 어쩐지 내 혈관을 싹 훑고 지나가는 느낌이다.

환삼덩굴도 줄기가 나무 등치만큼 굵어졌다. 억세고 거칠어지며 눈 깜짝할 사이에 주변을 점령했다. 여름 풀 중 가장 드센 풀이 아닐까 싶다. 구기자는 인동덩굴에 그렇게 당하다가 이제는 환삼덩굴 속에 완전히 갇혀 버렸다. 어디 구기자뿐이겠는

가. 아무한테나 다가가 손바닥만 한 잎으로 햇볕을 받지 못하도록 막아버린다. 어떻게 이런 심술이 있는지 모르겠다. 심술을 그렇게 부리면서도 자기 옆에는 또 오지 못하게 한다. 줄기 자체가 무기인데 살짝 긁히기만 해도 상처가 생기고 오랫동안 쓰리다.

그래도 순한 심성도 많다. 구석구석 보이는 참비름, 쇠비름은 바래기와 비슷하게 나타난다. 내가 생각하기로 이들이 이렇게 늦게 나타나는 건 다른 이유 없이 남들 먼저 자리 잡으라는 뜻인 것 같다. 이들의 성향을 보면 남한테 대드는 적이 없다. 꽃도 있는 듯 없는 듯하다. 참비름과 쇠비름은 생김새도 완전히 다르고 체질도 다른데 어째서 같은 이름으로 엮였는지 모를 일이다.

그날그날 먹는 음식이 그날그날의 나를 결정한다고 했던가. 이맘때면 덤덤한 비름으로 나도 덤덤해진다. 이들이 온몸으로 익힌 어떤 비밀을 내 몸과 마음으로 은밀히 전해 준다. 이상하게 '비름'이라는 발음만으로도 내 마음속 거칠고 뻣뻣한 것들이 부드러워진다. 비름을 먹고도 속된 목적을 가진다면 이들의 평범한 뜻에 제대로 동참한 사람이 아닐 것이다.

요즘 흔히 보이는 메꽃도 남을 타는 성향이 있긴 해도 성격이 온순하다. 우리 밭 화단으로 찾아와 낮달맞이꽃하고 놀고 있는데 볼 때마다 나까지 순해진다. 어릴 때부터 엄청 친했는데 그때나 지금이나 자기주장을 할 줄 모른다. 그런 일에는 관심이 없어 보인다. 메꽃을 대하면 나는 언제 이에 이를 수 있을까 싶어 그동안 뱉은 말들에 머리가 흔들린다. 모임을 자제해야겠다는 생각까지 든다.

　달개비꽃도 곳곳에서 나를 바라보고 섰다. 행여나 내가 자기 앞에 앉게 될지 몰라 여간 신경을 쓴 게 아니다. 달개비를 들여다보면 관계에 얼마나 최선을 다하는지 알 수 있다. 매사 엉성하게 사는 나는 달개비 앞에서도 한없이 궁색해진다. 이만큼 단장하려면 얼마나 더 보이지 않는 것을 파고 들어가야 하고 얼마나 더 단단한 벽을 부수어야 하는 걸까. 달개비의 쪽빛 고요가 내 여름 한 자락을 파랗게 물들인다.

　봄 작물 중 마지막으로 들깨를 심어야 한다. 7월을 넘겼으니 출발이 한참 늦다. 들깨는 바로 뿌리면 자잘한 돌들깨가 되어버리므로 파종해서 꼭 옮겨심기를 해 주어야 한다. 모종이 너무 빽빽하게 나는 바람에 줄기가 투명할 정도로 여려 걱정이다. 게다가 날씨는 텁고 비까지 자주 내리니 모종이 하루가 다르게 키를 키운다. 여린 데다 키까지 크면 심는 나도 힘들고 들깨 입장에서도 힘들다. 뿌리 내리는 것도 그렇지만 햇볕이 몸을 댕강 잘라버리기도 한다.
　들깨 심을 때는 하루에 몇 번씩 날씨를 확인한다. 비가 오다가 말다가 한다. 비가 잠시 소강상태일 때 얼른 밭으로 달려갔다. 심고 있으니 그새 또 비가 내린다. 장대비가 내 등을 때린다. 두꺼운 비옷에 빗소리가 말발굽 소리 같다. 하늘은 검게 내려앉고 사방으로 초록 잎은 수런대고 벌레는 떼로 몰려와 주변을 앵앵거린다. 들판에는 나 외에 아무도 없다. 비옷에 갇히니 너무 덥다. 땀 때문인지, 비 때문인지 속옷까지 다 젖는다. 마음으로도 빗물이 흘러든다. 이 감정을 헤아려보려 하지만 정확한 단어가 떠오르지 않는다. 누가 시켜서 하는 일이라면 천리, 만리 도망갈 일이다.

  이 와중에 들깨를 ㄴ자로 꺾어 심으면 더 잘 된다는 말이 떠오른다. 이 여린 들깨에 고난을 더 보탬으로써 집중을 더 하게 해야 하는지 헷갈린다. 이러나저러나 들깨는 헷갈릴 일이 없다. 오직 자신에 몰입하는 일만 남았다. 이제 따로 자리를 받고 비까지 내리니 도움이 될 것이다.

  인디언들은 살아 있는 모든 것을 '님'이라 불렀다. 님들에 둘러싸여 온몸으로 익힌 각자의 문법을 엿본다. 이들은 말하면서도 말하지 않고 말하지 않으면서도 말한다. 드러내면서도 감추고 감추면서도 드러낸다. 한없이 약하면서도 한없이 강하다. 이들의 자세야말로 은유만큼 힘이 세다. 오며 가며 수시로 이들 세계의 행간을 염탐하다 보면 내 몸에 풀물이 들고 내 발에도 잔뿌리가 생겨 뻗어 나간다.

다시 열공熱工, 징후와 파노라마

 매미는 줄기차게 울어대고 녹음은 더욱 짙어지고 여치 방아깨비 베짱이 풀무치 섬서구메뚜기도 녹음의 색을 얻어 여기저기서 폴짝거린다. 달맞이꽃이 피기 시작하고 가로수 배롱나무꽃이 밝다.
 장마가 끝나고 본격적인 더위로 지구가 절절 끓는다. 숨이 턱 막힐 정도로 덥다. 나는 풀 이파리 같은 원피스 하나만 걸치고도 누가 내게 닿을까 겁이 난다. 내 살끼리 붙는 것도 싫어, 팔을 접거나 다리를 모을 수도 없다. 훅훅 달아오르는 기온에 마음도 푹푹 삶기는 기분이다.
 그러나 자고로 여름은 더워야 한다. 식물들이 다시 힘을 차리고 곡식이 여물려면 햇볕이 따가워야 한다. 식물의 잎은 태양열 전지판이다. 작물들이 햇볕을 잘 저장해야 우리도 간접적으로 햇볕 밥을 잘 얻어먹을 수 있다. 작물이나, 우리나 햇볕 밥을 잘 먹어야 단맛도 오르고 마음도 단단해지고 골격도 튼튼해진다.
 나는 옥수수 먹는 재미로 더위를 이기고 있다. 옥수수 보호

본능도 참 대단하다. 제 자식이 얼마나 귀했으면 덮어싸는 포대기가 보통 열 장이 넘는다. 한 장으로는 모자라서, 두 장으로도 모자라서 세 겹 네 겹, 열 장도 넘는 마음으로 보살핀다. 옥수수도 제 자식이 보물이겠지만 내게도 옥수수알이 보석이다. 밥에 넣어 먹겠다고 알알이 따 보면 자수정처럼 예쁘다. 내 인생의 보석은 이것이면 충분하다.

풀들의 막바지 신경전도 보인다. 바닥을 기며 세력을 키우든, 키 키우는 쪽으로, 또는 남을 타는 쪽으로 장악하든 이미 승패가 나 있지만, 대부분 씨앗을 품은 몸으로 끝까지 집중력을 놓치지 않는다. 자식들에게 마지막으로 고슬고슬한 햇볕 밥을 챙겨 주려는 마음이 읽힌다.

어수선한 분위기 속에서도 연꽃 통에서는 연꽃 몇 개가 환하다. 연꽃이 밭을 평정한다. 대가 내려앉았을 때는 흙탕물이던 것이 대가 올라오고 꽃이 피니 물도 다시 맑아졌다. 그런데 이건 또 무슨 일인지, 맑아진 연꽃 통을 들여다보니 난데없는 새우 한 마리가 놀고 있다. 하늘에서 떨어진 것도 아닐 텐데, 몇 해나 된 여기서 어떻게 갑자기 새우가 보이는 것일까. 흙과 물과 햇볕 등 조건만 맞으면 저절로 생기는 것일까. 새우는 멋모르고 잘 놀고 있는 것을, 새우를 보는 나는 멋모르고 생명의 근원에 빠져 허우적댄다. 더울수록 생명 세상은 두터워지고 나는 더욱 캄캄해진다. 나는 이 세상에 대해 얼마나 알고 있을까.

어느 날 산길을 걷다가 긴 지푸라기 하나가 미세하게 움직이는 것을 보았다. 바람 때문인가 했는데 그게 아니었다. 쭈그리고 앉아서 살펴보니 살아 있는 생명체였다. 머리가 어디고 꼬리가 어딘지 도무지 분간할 수도 없었다. 검색을 해 보고서야 연가시라는 걸 알았다. 그러나 내가 본 건 연가시 중에서도 지푸라기에 더 가까운 모습을 하고 있었다. 영락없는 지푸라기였다. 어쩐다고 지푸라기에도 생명을 불어넣는가, 하는 생각이 다 들었다. 하긴 밀림에는 파란 나뭇잎이나 낙엽, 나뭇가지에도 생명 기관이 내장된 게 있다. 곤충이 주변 환경에 맞춰 이렇게 기막힌 몸으로 진화했다고 생각하려니 머리가 그만 어질어질해진다.

얼마 전에는 생전 본 적 없는 새 한 마리가 찾아오기도 했다. 긴 부리에 분홍빛 왕관을 쓰고 있었다. 말할 수 없이 고고한 자태였다. 저만치 사뿐 내려앉아 가만가만 주변을 살피는 가벼운 몇 걸음, 땅을 쪼아보기도 하고 두리번거리기도 했다. 잊고 있던 나의 숲속에서 날아온 새가 아닌가 싶어 눈길을 뗄 수가 없었다. 나는 나와 인사를 나누고 싶었지만 가까이 가면 바로 날아가 버릴 것 같아 숨죽이며 바라보는 사이 이내 포르르 날아가 버렸다. 마치 꿈처럼 스친 장면이었다.

으스스한 평화 속, 잠자리는 연꽃 위에 가만히 앉았다 날아오른다. 어느 순간 고추잠자리 떼가 꼭 한번은 다녀가야 할 손님처럼 나타난다. 이들의 비행에는 잡음 하나, 들리지 않는다. 무리 지어 들렀다 간 줄도 모르는 채 가 버린다.

어쨌거나 연꽃 통에 물이 있으니 장구벌레가 살고 장구벌레가 있으니 모기가 나타나고, 장구벌레 모기가 있는 곳에, 잠자리 앉는 곳에 개구리가 놀고 개구리가 놀고 있으니 뱀이 수시로 들락거린다. 뱀은 몸을 잘 드러내지 않는다. 옷을 벗어놓으며 서늘한 징후만 남긴다. 그런 뱀을 숨겨 주며 내 다리를 감고 드는 무성한 풀, 공모의 징후 또한 파노라마로 넘실댄다.

호박의 기세도 가당찮다. 언덕으로 올라가도록 자리를 잡아 주었는데 웬걸, 사방으로 줄기를 다 내었다. 밭쪽으로도 넘실넘실 물결을 이룬다. 상추밭을 덮어버리더니 고추 사이를 살살 기어들어 참깨밭을 향하고 있다. 나는 줄기를 번쩍 들어 언덕 쪽으로 방향을 바꾸어버린다. 그러나 소용이 없다. 이내 밭쪽으로 곁줄기를 다시 낸다. 호박 줄기에도 분명 눈이 있다. 이 더위에 호박하고 싸울 일인가. 나는 그만 두 손을 들고 만다.

그래도 풋 호박과 호박잎으로 여름 식탁이 풍성해진다. 호박으로 이 계절을 제대로 음미한다. 계절 없이 다 나오는 세상이어도 다른 철에는 손이 잘 안 간다. 호박 나물도 좋지만, 호박잎도 더운 여름을 나게 하는 데는 일등공신이다. 넓적한 호박잎에다 고추 양파 마늘 등을 넣고 짭조름하게 끓인 된장을 올린 뒤 쌈을 싸 먹으면 푸른 하늘 한 자락도 들어간 맛이다. 하지만 더 중요한 건 호박잎 쌈은 여럿이 먹어야 한 맛이 더 난다는 거다. 나는 가끔 호박잎 쌈 같이 먹을 정도의 식구는 있어야 사는 맛이 날 거라는 생각을 하곤 한다.

호박꽃도 꽃이냐니, 문태준 시인의 시 '꽃'으로 호박꽃만 한 게 있을까.

당신은 꽃봉오리 속으로 들어가세요/조심스레 내

려가/가만히 앉으세요/그리고/숨을 쉬세요/부
드러운 둘레와/밝은 둘레와/입체적 기쁨 속에서

가끔은 만사를 잊고 호박꽃 동굴에 가만히 들어앉아 한없이 부드러운 둘레와, 한없이 밝은 둘레에 잦아들고 싶다. 그리하여 내 마음이 황금빛으로 물드는 상상을 해보기도 한다.

한편으로 여름 들판은 몹시 불온하다. 이 뜨거운 여름에도 온전히 자기에게 닿지 못하고 가는 것들이 많다. 고추를 따고 나오다가 나는 그만 옆 밭 참깨에 눈이 가고 만다. 가지는 없고 몸통만 일자로 서 있다. 간편하게 거두자는 심산으로 외대로 만들어버렸다.
나는 볼 때마다 내 팔이 잘려나간 듯 진저리가 쳐진다. 팔을 다 삭제해버린 몸, 고랑이 으슬으슬 한기 머무는 병원 복도 같다. 누가 이들의 비명마저 감쪽같이 잘라버렸는지 참깨는 제가 아픈 줄도 모르고 배시시 웃고 바람은 그 몸을 어루만지며 운다.
참깨만 그런 게 아니다. 들깨도 콩도 호박도, 다 이상해졌다. 깻잎은 그야말로 국민 반찬이다 보니 이제는 깻잎 전용 농사를 많이 짓는다. 속이 좁은 나는 이 일도 몹시 못마땅하다. 무엇이든 간에 씨를 못 맺게 하는 건 질색이다. 밭 주변 어른들은 콩잎 작업도 많이 하는데 콩 수확은 하지 못하는 콩잎 전용이다. 건너 쪽 호박밭은 익지 않는 풋호박 전용이다. 왜 이렇게까지 해야 하는지 모르겠다. 들판으로 말 못 하는 이들의 비애가 비릿하게 퍼져나간다.

교차하는 길목

 처서가 되니 아침저녁 살짝 찬 기운이 섞여 있다. 더위에 그렇게 고생해놓고는 막상 찬 바람이 느껴지니 또 이렇게 한 해가 가는구나 싶어 마음 한쪽 구석이 덜컥 내려앉는다.
 그렇게 많이 달렸던 감은 다 떨어져 버리고 겨우 몇 개가 남았다. 그것도 옳은 건 하나도 없다. 대추도 그렇다. 매달려 있는 게 거의 벌레 먹은 상태다. 내가 수확할 거라고는 저들의 스산한 마음뿐이다. 이렇게 되기까지 저 갈피 속에 얼마나 많은 이야기가 숨겨져 있을까. 약을 치지 않으면 딱 이 정도 수준이 된다. 나는 매년 이들의 힘을 그저 지켜보기만 한다.
 고추는 때를 알며 열정을 놓았고 오이 줄기는 시든 지 오래다. 토마토도 더는 익지 않는다. 극성스럽던 풀들도 씨를 몇백 배쯤 불려놓고 내리막길로 접어든다. 먹고 살기 위하여 악착같았던 지난날, 이를 악물고 열중했던 기세들이 찬바람이 도는 밤을 넘길 때마다 무릇 갈 길을 헤아리는지 고집도, 집착도 슬슬 헐거워지고 있다. 줄기마다 왁자하던 웃음소리 잦아들고 전

심전력으로 끌어안았던 씨알들이 각자 자기 자리 잡으러 떠나는 사이, 서서히 관절이 꺾인다. 척박한 터전에서 서로가 서로를 견디며 어느 영혼인들 상하지 않았으랴만 이제는 상처를 보듬으며 함께 천천히 잘 내려앉고 있다.

봄풀이 떠나는 자리에 냉이 큰개불알꽃 광대나물 세포아풀 민들레 등이 다시 등장한다. 미나리 싹도 보인다. 배턴 터치를 했다. 이들은 대개 키가 작고 땅에 붙어사는 것도 있다. 이때 나타나 겨울을 넘기고 봄에 다른 풀들이 키를 키울 때쯤이면 슬그머니 사라진다. 키가 작아서 이 철을 택했을 수도 있고 남눈치 안 보고, 남하고 싸우지 않고 사는 게 낫다고 판단했을 수도 있다. 지금부터는 경쟁자가 얼마 되지 않는다. 경쟁이랄 것도 없이 서로 대충 살아도 자리가 널널하다.

언덕에는 박이 환하게 도착해 있다. 나 모르는 사이 달이 궤도를 이탈하여 우리 밭에 착륙한 줄 알았다. 나물 해 먹으려고 잘라 보면 속이 그렇게 순백일 수가 없다. 꽃이 숨 막히게 희더니 속을 이렇게 극단의 평온으로 채워 놓았다. 사르르 녹을 것 같은 말끔한 이념의 속살을 넋을 잃고 한참 들여다본다. 여름 내내 그 난장판에서 어쩜 이렇게 완벽한 내면을 구축할 수 있었을까. 이 세계를 들키고 싶지 않은 건지 껍질이 칼이 잘 들어가지 않을 정도로 딱딱하다.

반면에 참깨는 바람만 살짝 스쳐도 터질 태세다. 아래쪽 꼬투리가 누렇게 변하면서 벌써 터진 것도 있다. 참깨는 빨리 거두는 편이어서 심은 지 100일 정도면 된다. 이 시점에 쪄야 한다. 시기를 조금이라도 놓치면 깨가 다 흐른다. 살살 다루면서 찌는데도 몇 알씩은 흐른다. 이 몇 알씩 흐르는 냄새를 맡고 산비둘기가 날아든다. 겁도 없이 내 곁에 바짝 붙어 따라다닌다. 이 자그마한 알의 내음이 어떻게 밭 하나를 지나 언덕을 넘어 참나무와 소나무 사이를 파고들어 비둘기 코에 가닿았을까.

참깨를 거두니 해마다 자식들에게 참깨 한두 됫박씩 나누어 주시던 엄마가 떠오른다. 철도 없이 그때는 참깨가 그저 생기는 줄 알았다. 내 손끝으로 거두어 보고야 얼마나 귀한 걸 주신 건지 깨닫는다. 부모와 자식 간의 시차는 좁혀질 수가 없다. 자식이 뭘 좀 알 즈음에는 부모가 없다. 나는 늘 내 나이 때의 엄마를 만나며 산다.

참깨 찌기를 잘했다. 기어코 태풍은 또 올라온다. 몸을 엄청나게 키웠다고 한다. 혼자 오는 게 아니라 폭우까지 데리고 온단다. 지구로서는 심한 몸살을 하는 일이고 사람에게는 엄청난 피해를 안기는 일이다. 그래도 한 번씩 이 과정을 겪으면서 아래, 위 에너지 균형을 맞추고 바닷물도 정화된다니 지구도 극렬하게 아파야 사는가 보다. 한바탕 난동을 피우듯 지나가고 나니 하늘은 언제 그랬느냐는 듯 쾌청하다.

더없이 맑고 높은 하늘 아래 이랑 따라 두 줄을 길게 긋고 손가락 사이로 무씨를 솔솔 뿌렸다. 무는 싹을 금방 틔운다. 이내 고개를 들고 음표처럼 자란다. 이선지 악보에 맞춰 벌레들 목청 더 돋우고 새들의 청아한 노랫소리가 하늘까지 닿는다.

쪽파는 여름 장마에 반은 썩었다. 종자가 많아서 좀 나눠야 겠다고 생각했더니 겨우 우리 심을 양만 남았다. 쪽파의 살이다 쪼그라들었다. 살이 쪼그라들었다는 건 이미 번식을 시작했다는 거다. 촉이 다 터지고 있다. 촉이 터지면 자라는 것도 금방이라서 얼마 안 있으면 뽑아먹을 수 있다. 하지만 가을 쪽파는 가늘고 힘이 없다. 겨울 찬바람을 좀 세게 맞고 나야 봄을 맞으며 통통해지고 빛도 좋아진다.

고춧대를 좀 뽑아내고 그 자리에 상추씨도 뿌린다. 상추는 습도와 기온에 예민하여 봄 상추는 장마를 잘 이기지 못하고 가을 상추씨는 더운 기운이 있으면 발아가 잘 안 된다. 높고 낮은 기온이 교차하는, 상추만 아는 어느 시점에야 심 봉사 눈 뜨듯 싹이 튼다. 가을 상추는 노루고기보다 맛나다고 문 걸어 잠그고 먹는다는 말이 있는데 기분 탓인지는 몰라도 더 진한 맛이 느껴진다. 봄도 그렇지만 가을에도 상추를 옆에 끼고 있어야 한다. 상추만 있으면 배춧속이 찰 때까지 든든하다.

시금치는 감자 심었던 자리에 심는다. 시금치 씨는 완전히 선선해졌을 때 뿌려야 잘 난다. 냉장고에 넣어두었다가 뿌리면 더 잘 난다. 시금치도 발아가 잘 안 될 때가 많다. 뿌렸는데 나지 않아 몇 해나 사 먹은 적이 있다. 아무려면 싹은 틔우고 볼 일이지 뭐가 좀 맞지 않는다고 차라리 살기를 포기하다니, 보기보다 예민하고 까탈스럽고 어이없는 구석이 있다.

배추 모종도 이내 심는다. 모종 한 판을 사는데 120포기 정도다. 많은 것 같아도 이게 전부 똑같이 자라주지 않는다. 한 날, 한 시 같은 자리에 심는데도 다 다르다. 김장할 때 보면 30포기 정도가 순위에 든다. 무는 스스로 자리 잡아 걱정이 없는데 이사 온 배추는 당분간 흙과 쉼 없는 대화 끝으로 기운을 받을

수 있다. 서로 도통 통하지 않기도 하는지 더러는 죽고 마는 것
도 있다.

가을 밭에 무와 배추가 들어서니 참 편안한 그림 속에 내가
앉아 있다. 무, 배추가 없으면 어쩔 뻔했나. 무, 배추가 들판을
메우면서 그나마 제정신으로 균형이 잡히는 것 같다. 지구촌
곳곳 전쟁이 터지고 여기저기서 갑갑한 뉴스가 난무하는 마당
에 이들이 둘러싸니 좀 살 것 같다. 무, 배추가 없으면 어쩔 뻔
했나, 이들이 있어 우리 느글거리는 속도 잡아줄 것이다. 이야
말로 우리가 단연 믿는 구석이다.

무, 배추 푸른 밭에 배추흰나비가 날아다니고 나비 따라 나도
가벼워진다. 이제 동경과 좌절을 넘어설 나이도 됐다. 성철 스
님의 "산은 산이요, 물은 물이로다," 라는 선어에 날개가 살짝
닿는 것 같기도 하다. 그러나 나도 모르는 사이 나비는 어느새
울타리 너머로 사라져 버렸다. 나는 내가 날아가 버린 줄 알고
깜짝 놀랐다. 그러나 이내 소소한 걱정거리를 안은 게 느껴진다.

나는 아직 아주 작은 일에도 열중이다. 무나 배추 먹으러 나타
나는 벌레들을 유심히 살핀다. 초기에 나타나는 게 벼룩잎벌레
인데 너무 작아 잘 만져지지도 않는 것이 무, 배추 할 것 없이
달려든다. 잠깐 다녀가는 녀석들인데 어떤 해는 잘 보이지 않다
가 어떤 해는 떼거리로 나타나 이파리를 망사로 만들어 버린다.
때로는 생장점을 뜯어 먹어 버리기도 한다. 올해는 좀 덜한 편
이다. 그래도 잡는다고 수시로 앉는다. 이들을 잡아서는 살려둘
수도 없고 어디 보낼 데도 없고 장갑 낀 손으로 눌러 죽인다. 한

생명이 으스러지는 감각이 온몸으로 전해진다. 그러나 나는 끄떡도 하지 않는다. 이런 일로 조금도 무너지지 않는다.

달팽이는 주로 배춧잎 뒤쪽에서 보인다. 잡아서 가만히 들여다보다가 죽이기는 그렇고 언덕으로 휙휙 던진다. 신중한 걸 무기로 사는 녀석들인데 자기들 사는 속도로 볼 때 우주 밖으로 튕겨 나가는 혼돈을 느꼈을 것이다. 잠시 까무러쳤을 수도 있다. 그러나 깨어나서 다시 밥을 찾아 느릿느릿 배추밭을 향하지 않을까. 달팽이는 아무 죄가 없다. 밥이 여기 있을 뿐이다.

청벌레는 자기들 딴에는 완벽한 보호색을 띠고 있지만, 똥을 싸는 바람에 내게 들킨다. 똥이 있는 곳에 반드시 청벌레가 있다. 낮보다는 아침나절에 눈에 더 잘 띈다. 전에 닭을 잠시 키울 때는 닭에게 던져주었는데 지금은 살려준다면서 배추가 없는 곳으로 던지거나, 한데 모아서 유형지나 진배없는 곳으로 보낸다. 여기는 무법천지 불한당의 정치만 있다. 나의 도덕은 언제나 일방적이고 독선적이다.

우리가 덥다, 덥다 하고 있을 때 모두 한여름 뜨거운 밥을 먹고는 속속 알곡을 내놓는다. 드디어 산에서 밤이 툭툭 떨어지기 시작한다. 나는 또 열심히 산에 오른다. 동생 집 옆에는 밤나무 산이 있는데 이맘때면 오라고 전화가 온다. 동생과 함께 밤 줍는 재미가 쏠쏠하다. 마음 한쪽이 푹 꺼지려는 것을 생밤 깎아 먹는 재미로 메운다. 밤이 나오면 도토리도 나온다. 나무 하나만 만나도 한 가방 주울 정도로 많이 떨어진다. 한 해에 한 번은 도토리묵도 만들어 먹는다. 가을 열매로 내 옹벽을 보수한다.

바람의 무늬

 들깨는 그 여리던 것들이, 웬만한 나무처럼 튼실해졌다. 장하고 장하다. 한동안 풀로 인해 보이지도 않더니 어느 순간부터 풀을 제압하고 우뚝 일어서 씨알을 한껏 안고 있다. 잎도 누르스름해졌다. 이제 쪄야 하는 시기다. 들깨는 꼭 옮겨심기를 해줘야 하는 것도 특이하지만 심는 시기가 두세 달 정도 차이가 있어도 수확하는 시기는 같다. 꽃 피는 시기가 같아서다. 일찍 심든, 늦게 심든 찬 바람이 느껴져야 꽃을 피운다. 대개 8월 20일 경 꽃이 피어 추석 즈음이면 꽃송이 속으로 씨알이 쏙쏙 들어앉는다.
 참깨는 큰 주머니 속에 씨알을 단체로 키우는데 들깨는 작은 주머니 속에 하나씩 넣어 키운다. 알뜰살뜰 들깨의 마음이 느껴진다. 그래도 성격은 무던하다. 예민하지 않고 거름도 많이 먹지 않고 연작해도 괜찮다. 쪄서 아무 데나 두고 말리면 되는 것도 더없는 장점이다.
 들깨를 찌다 보니 대에 사마귀 알집이 많이 붙어 있다. 자리를 물색하다 눈에 들어온 모양이다. 하긴 사마귀야 들깨 대든, 건물 벽이든, 억새든 가리지 않는다. 대를 쪄도 살아남는 데는 문제가 없을 것이다. 농사일도 참 온갖 일에 걸려드는 일이다. 알집을 만나니 어미 마음이 그대로 전해진다. 알집이 품고 있는 괴괴한 정적을 함부로 대할 수가 없다. 사마귀로부터 부탁받은 것도 아니지만 내게도 알 수 없는 책임감이 생긴다. 그야말로 대대로 내려갈 사마귀 문중의 살아 있는 문서 그 자체가 아닌가.

어쩐다고 사마귀는 생긴 모습부터가 음흉하면서도 공격적으로 보일까. 실제로 공격적이기도 해서 다가가도 도망가지 않고 맞선다. 두 눈을 부라리며 쳐다보면 내가 오히려 한 수 꺾이면서 물러서게 된다. 사마귀도 고양이처럼 틈만 나면 자기 몸을 다듬는 걸 보면 자존심도 꽤 센 편이지 싶다. 자존심도 센 녀석들이, 암컷이 수컷을 유혹해 놓고는 볼일 보고 잡아먹기도 하는 잔인한 습성이라니, 소름 돋는 일이다. 그러나 그것도 인간 눈으로 볼 때의 문제이지, 실은 자손을 위해 몸 공양하는 일이라 한다. 이보다 숭고한 일이 어디 있을까 싶다.

어느새 논을 가득 메웠던 금빛 물결이 도랑 따라 스르르 흘러가 버렸다. 그렇게 극성스럽던 야생 콩도 돌아가는 기색이 역력하다. 씨 남기는 게 무서워 보이는 대로 걷어 갑바 위에 말렸더니 산더미처럼 쌓였다. 날 잡아서 털어보니 이 작은 콩이 한 되가 넘는다. 내내 이들을 지청구하다가 심지도 않은 콩을 수확하게 됐다. 이들은 콩의 조상이다. 그래서인지 약성이 좋아 미국에서는 일부러 재배한다는 소리도 들었다. 이 야생 콩이

항산화 작용도 하고 눈도 밝게 해 준다고 한다. 그래서 그렇게 극성스럽게 내 주변을 계속 맴돌았는가 보다. 자연은 다 옳고 자연에는 다 이유가 있는 것을, 창대하게 살다 한 해 남긴 씨앗을 보면서 거두는 내 마음에 낙엽 같은 물이 든다.

고춧대까지 마무리 작업을 하고 나니 이내 마늘과 양파 심을 때가 된다. 조금 선선해져서 삽질도 할 만하다. 짬을 내서 심을 자리를 만든다. 삽질하며 맡는 흙냄새가 밥 냄새만큼 좋다. 흙이 우리 고향이어서 그런지 실제로 흙내음이 사람에게 호르몬 분비 등 생리적 영향을 미친다고 한다.

흙내음만으로도 편안함을 느끼게 되지만 흙이 우리 건강의 열쇠를 쥐고 있다는 말도 있다. 건강한 흙 한 숟가락에 1억 5천 마리의 미생물이 산다고 하는데 이 미생물이 우리 장의 미생물에 영향을 끼친단다. 장내 미생물은 우리의 면역력과 뇌 발달에 밀접한 관련이 있다고 하고. 그래서인지 미생물학자들이 쓴 『차라리 아이에게 흙을 먹여라』라는 책도 나와 있다. 알고 보면 흙바닥에서 마구 뒹굴며 놀 수 있는 환경 태생이야말로 금수저 출신보다 훨씬 중요한 걸 물려받았다고 할 수 있다.

마늘과 양파는 같은 자리에 심으면 되는데 둘 다 거름을 좋아한다. 많이 먹는 만큼 굵어진다. 하지만 거름을 많이 줘도 심은 데 또 심으면 병을 한다. 한 번은 농사를 완전히 망쳐서 종자도 건지지 못한 적이 있다. 연작 때문이었다. 할 수 없이 오일장에서 종자를 사야만 했다. 지나다니는 들판 풍경으로는 늘 같은 자리에 마늘이 심겨 있는데 무슨 수를 써야만 하는 일이다. 나는 그 무슨 수가 뭔지는 모른다.

고구마는 돼지감자가 무성하게 둘러싸는 바람에 햇빛을 못 봐 여름 내내 힘들어했다는 걸 근래에 알았다. 한여름엔 밭에 가더라도 너무 더워 고구마밭에 눈길 줄 새도 없이 도망치듯 돌아오곤 했다. 더운 날씨에 알았더라도 손을 대지 못했을 것이다. 될 대로 되라는 식으로 내버려 두었더니 줄기 몇 가닥 겨우 뻗어 있는 정도다. 그 와중에 그래도 몇 개씩은 달려 있다. 고구마 캔다고 한참을 퍼질러 앉아 있었더니 옷이 흙투성이가 되었다. 고구마 캘 때는 흙에 완전히 뒹구는 수준이다. 흙에 뒹굴 때 나는 자연인에 더 가까워진다. 흙과 한 몸이 된다.

흙과 함께한 옷은 윗옷이나 바지나 다 너덜너덜해졌다. 입은 지가 십 년 가까이 되지 않았나 싶다. 그동안 무릎 쪽으로는 닳아서 몇 번이나 조각천으로 덧댔다. 하도 많이 덧대다 보니 거의 누비바지가 되었다. 옳은 벨트가 있을 리 없고 그냥 밭에 있는 노끈으로 질끈 묶다 보니 내가 봐도 상거지 수준이다. 그러나 이 들옷 속에 있을 때 가장 나답다.

오가피 열매가 보랏빛으로 익고 산국이 노랗게 폈다. 오가피 열매는 말리고 산국은 차로 만들었다. 국화차로 뱃속이 따뜻해진다. 국화차로 머리를 식히며 가을 끝자락을 음미한다. 그러면 됐다. 가을을 잘 넘기고 있다.

여행자들

 나뭇잎들이 울긋불긋하다. 많이도 울던 벌레들, 무서리와 악수하며 속속 떠나고 있다. 어떻게 살아가야 한다고 아무도 말해주지 않아도 부지런히 자기 할 일 하며 때로는 함께 노래도 부르고 때로는 함께 울기도 하고 때로는 함께 또롱또롱 책도 읽다가 어느 날 조용히 사라진다. 박과 호박넝쿨은 서리 한 번에 폭삭 내려앉았다. 언덕에서 밭으로 쳐들어오던 억새 군단도 잎이 마르면서 기세가 푹 꺾인다.
 쌀쌀한 가운데 배추는 속살을 채워가고 무는 하루하루 튼실해져 간다. 해쓱한 가을 햇살이 어떻게 살로 가는지 계속 몸집을 키운다. 배추나 무는 둘 다 예민하지 않아서 특별히 신경 쓰이는 게 없다.
 그러나 매년 진딧물은 꼭 다녀간다. 배추가 어느 정도 자라서 알이 찰 때부터 나타난다. 이 음흉한 집단이 어디 있다가 자기들 먹을 때를 알고 나타나는 것일까. 배추 몇 포기는 참혹할 정도로 썩어 문드러지고 만다. 옆으로까지 번지지 않도록 뽑아버려야 한다. 이 정도는 각오해야 하는 일이다.

배추와 무는 수시로 솎아 먹는데 때로는 옆에 있는 방동사니도 따라 뽑힌다. 이 흔한 방동사니는 특이하게 줄기의 단면은 삼각형인 데다 향부자라는 알뿌리가 있다. 만져 보면 질기기도 해서 향모처럼 땋을 수도 있을 것 같다. 옛 이집트인들은 이걸로 종이도 만들었다고 한다. 방동사니도 흔한 만큼 유용한 약초이다. 알아보면 명약 중의 명약이라고 나온다. 다 다녀가는 이유가 있다.

꾸지뽕나무는 무슨 일인지 몸이 온전한 데가 없다. 온몸에 구멍이 숭숭 뚫려 있고 나무껍질이 전체적으로 들떠 있다. 분명 누군가의 밥이거나 집이거나 또 다른 용도로도 이용되는 모양이다. 이런 상태에서도 매년 잎도 나고 열매도 맺는다. 이런 몸에서도 잎이나 가지나 열매에 하얀 액이 줄줄 흐른다. 뿌리를 파 보면 뿌리 색깔은 또 샛노랗다. 그래서인지 다 약재로 쓰인다.

꽃처럼 붉은 열매가 새들의 마지막 식사 거리로 남았다. 우리도 즐겨 따먹는다. 초봄에 자기를 건드린다고 그렇게 심한 반응을 하더니 그게 자기 때문이 아니라 세상을 두루 이롭게 하기로 한 자신 가문에 대한 결기 때문이었겠다는 생각을 뒤늦게 한다.

고양이는 돌아가며 우리 밭을 들른다. 이들이 왔을 때 맨입으로 돌려보내기가 그래서 아예 사료를 사 놓았다. 그동안 다녀간 고양이가 많다. 감기가 들어 누런 콧물이 줄줄 흐르던 녀석도 다녀갔고 밥 주기를 간절히 바라면서도 절대 가까이 오지 못하게 하던 녀석도 다녀갔다. 어떤 녀석은 먹을 걸 챙겨주니 자기 가족 전부를 데리고 나타나기도 했다. 형제인 '요모, 조모' 는 아기 때 나타나 우리와 한동안 잘 지내다가 어느 날 갑자기 사라져 버렸다. 이름도 지어주면서 정이 들어 이 녀석들 다녀간 자리가 한동안 휑했다. 지금은 흰 고양이 한 마리가 우리만 나타나면 밥 달라고 조른다. 이 녀석은 내가 쓰다듬어주는 것도 받아주고 말도 많이 한다.

그런데 어느 날 보니 밭에 꿩 털이 수북이 쌓여 있다. 밭에서 날짐승인 꿩이 잡아먹히다니, 보통 황당한 일이 아니다. 지인에게 범인이 누굴까 물어봤더니, 보나 마나 고양이들이라고 했다. 우리 모르게 꿩을 잡아먹고는 세상 불쌍한 눈빛으로 나타나는 녀석들이라니.

며칠 전에는 우리한테 한참 밥을 받아먹던 녀석을 구석진 곳에서 발견했다. 언제였는지 모르지만 죽어 있었다. 밥 주기를 간절히 바라면서도 옆에 못 오게 하던 녀석이었다. 고양이 시체를 보는 건 처음이라 무척 놀랐다. 살다 가는 일이 참으로 적막하여 슬픔이 목구멍까지 차올라 왔다. 아무도 믿지 못하니 혼자 다니다가 혼자 쓸쓸하게 갔다. 홀로 남겨져 가슴에 의심 외에 그 무엇도 담지 못하고 간 사실에 몹시 마음이 아렸다.

나는 몇 년 전에 홍시 몇 개 따다가 황천길 입구까지 갔다 온 적이 있다. 몸이 으슬으슬 추워 병원에 갔더니 용케 의사분이 목 부위 조그만 점을 발견하면서 바로 큰 병원에 가 보라고 하셨다. 쯔쯔가무시였다. 물린 위치를 보면 감 딴다고 올려다볼 때 이 진드기가 떨어진 게 틀림없다. 그렇게 진드기는 눈에도 보이지 않는 몸으로 와서 근 보름 나를 죽일까, 말까 갖고 놀다가 사라졌다. 남의 일로만 여겼던 일이 결국 내게도 일어났다. 죽는 일이 그렇게 멀리 있는 게 아니었다.

밭 뒷마무리한다고 돌아다니다 보면 마른 풀덤불이 자꾸 다리에 감긴다. 매실나무 쪽으로 하도 우거져서 낫으로 막 쳐내고 있는데 그사이 자그마한 빈 둥지 하나가 들앉아 있다. 내 주먹만 한 정도의 크기다. 보드라운 지푸라기들로 정성스럽게도 엮었다. 이 작은 둥지 주인은 누구였을까. 가끔 이렇게 빈 둥지를 만나게 될 때면 나는 마치 내가 살다 떠난 자리를 보듯 한참이나 들여다본다. 그 속엔 미온의 쓸쓸함이 고여 있다.

풀씨들도 어디로든 떠나겠다는 마음으로 만반의 준비를 했다. 벌써 떠난 것도 많다. 실상 떠날 채비는 부모가 다 챙겨준 거다. 멀리 안 내보내고 싶은 건 제자리에 떨구기도 하지만 대부분 최대한 접촉력을 높여 누군가에게든 올라타라고 온갖 수를 써 놓았다. 내게도 쇠무릎 도깨비바늘 강아지풀 씨 등이 수시로 승차한다.

나는 이 손님들을 데리고 어디로 가야 하나. 그러나 내 동선에는 이들이 하차할만한 마땅한 장소가 없다. 선 자리에서 일일이 떼 낸다고 애를 먹는다. 그러나 집에 도착하여 옷을 벗는데 아직 달라붙은 게 많다. 떼어내 쓰레기통에 넣을까 하다가 창문을 열고 보내주었다. 자그마한 씨 하나는 우주를 압축한

파일이다. 그 세계를 내가 마음대로 할 수 없을 것 같았다.

  20층 높이 아파트에서 바람 따라 훨훨 떠난 씨앗들은 화단에 자리 잡을 수도 있고 어느 나무 곁에 닿을 수도 있고 도로변에서 먼지를 덮어쓰고 살아갈 수도 있고 학교 운동장 시멘트 틈 속에 들어앉을 수도 있고 더 멀리 날아가 병산 호수 옆 언덕에 도착할 수도 있을 것이다. 다 운명이다. 하늘이 우리를 그렇게 날려 보낸 것처럼.

또 다른 시작을 위한 마무리

무는 얼기 전 뽑아서 저장에 들어간다. 밭 한쪽 구석을 파서 큰 화분을 넣고 밑에 억새를 깐 다음 차곡차곡 넣는다. 무청은 잘라서 농막 처마 밑에다 걸었다. 무도 중요하지만, 무청도 무 못지않게 중요하다.

기온이 영하로 한두 번 떨어지면 김장철이다. 무는 얼면 안 되지만 배추는 한두 번 얼어야 맛이 더 달아진다. 배추는 얼었다가도 녹으면 다시 멀쩡해진다. 김장하려고 뽑아보니 알이 꽉 찬 건 10포기 정도밖에 안 된다. 시중에서 파는 배추는 칼이 들어가지 않을 정도인데 우리 배추는 이 10포기조차도 엉성하다. 그래도 엉성한 게 내게는 맞다. 관리가 덜 된 만큼 달고 고소하고 맵싸한 맛도 있다.

배추까지 다 뽑아낸 밭이 휑하다. 언제 그렇게 왕성한 기운이 뻗쳐올랐던가 싶다. 날씨는 단번에 그 많은 사연을 처리해 버렸다. 보이는 것은 보이지 않는 것의 실상이라 했던가. 보이지 않는 힘이야말로 보이는 것의 배후다. 어마어마한 조직을 다

집어삼켰다. 보이던 것들은 몸을 바꾸고 자의식이 얼음장같이 차가워졌을 테다.

식성도 다르고 체질도, 성향도 다른 이들이 이 좁은 터에서 온몸을 불사르고 갔다. 그 모든 걸 키워낸 흙의 젖가슴도 훤히 드러난다. 그야말로 전부를 내주었다. 흙은 잘 먹는 것보다 쉬는 걸 훨씬 좋아한다. 잘 쉬어야 새 몸이 되고 오래 쉴수록 더 좋은 몸이 된다. 이제 좀 쉴 시간이다.

나무는 나무대로 옷을 다 벗고 선정에 들었다. 자신을 끝까지 뽑아 올렸다가 다시 자신을 점검하러 천천히 내려가는 중이다. 내려가고 내려가서 발끝에 닿아 실뿌리까지 침잠했을 때 또 다음 장을 열게 될 것이다.

나도 한 해 일에서 벗어나 드디어 허리를 편다. 허리를 펴고 보니 또 나이 한 살이 기다리고 있다. 나이만큼 세월에 속도가 붙는다더니 한 해가 금방 지나간다. 나도 나무처럼 홀로 섰다. 폭설에 갇힌 듯한 이 엄혹한 개인의 자리라니, 찬바람이 폐부로 파고든다. 지금 나의 뿌리는 어디를 더듬고 있을까?

음양오행 이론으로 보면 세상 모든 존재는 상극으로 맞물려 태극의 형태로 기운을 주거니 받거니 하는 과정을 보여준다. 그 과정이 木, 火, 土, 金, 水라는 다섯 가지 걸음, 생명의 원운동이다. 크게는 우주에서, 작게는 씨앗 하나에까지 모두 이 순환의 고리에 머물다 간다. 아니, 간다는 말은 틀린 말이다. 다시 돌아오기 위해 몸을 바꾼다. 그렇게 굴러가는 둥근 길 위, 끊임없이 반복되는 그 질서 속에서 지금은 또 다른 수용을 위한, 또 다른 시작을 위한 응축과 응집의 시간이다.

밭의 식구들이 한 삶을 불사르는 동안 나도 그 틈을 비집고 들어가 내 걸 챙기겠다고 어지간히 매달렸다. 그러나 나는 이 조용한 세계에서 늘 헤맨다. 이 세계는 내게 문을 꽁꽁 걸어 잠 그고 아무것도 말해 주지 않는다.

처음에는 멋도 모르고 내가 공들이고 좋은 거름을 주기만 하면 되는 줄 알았다. 그러나 시간이 가면서 이들이 그렇게 단순하지 않다는 걸 서서히 깨닫게 되었다. 흙과 식물은 생각보다 훨씬 까다롭고 복잡하고 미묘한 관계다. 어쭙잖은 지식이나 생각만으로는 미칠 수 없는 미세한 작용으로 돌아간다.

여러 매체를 통해 자연농법 하는 사람들을 가끔 보게 되는데 이들은 한결같이 작물을 도와주지 말라고 한다. 서로 싸우면서 커야 하고 환경이 어려울수록 식물의 유전 정보 95%가 깨어나 스스로 강한 고전압 상태가 된다는 것이다. 그래야 작물도 건강하고 건강한 작물을 먹어야 우리도 건강해진다는 거다. 이들은 우리가 모를 뿐이지, 벌레들도 자기 역할을 한다고 믿는다. 그리고 그것이야말로 완벽한 조화라고 말한다.

그러나 나는 매해 작물들을 많이 도와준다. 아무것도 하지 않을 용기가 나지 않아서다. 너무나 '쉬운' 일이 너무나 '어렵게' 느껴진다. 작물도 자식 키우는 일과 같다. 거들어주어야 할 것과 거들어주지 말아야 할 것을 구분하는 일이 말처럼, 생각처럼 쉽지 않다. 나는 늘 애가 쓰여 결국, 돌봐주는 쪽으로 기울곤 한다.

요즘은 들판 어디든 온통 비닐하우스다. 비닐하우스야말로 근본적인 보호장치다. 비닐하우스에서는 대부분 단일작물을 재배한다. 옳은 상품이 되게 하려면 공산품 만들듯 정확한 시스템에 의해서 생산해야 할 것이다. 그래서 요즘은 농사도 기업화되어 가는 것 같다. 앞으로는 스마트팜이 대세가 될 거라고 한다. 수직 농법이라 하여 이제는 땅이 없어도 되는 시대가 온다는 소리도 들린다.

이걸 발전이라고 해야 하나. 사람 눈에 들도록 만들어내는 일이나, 계절도 없어진 것이나, 작물을 덜 힘들게 하는 것으로 인해 옳은 음식이 없어졌다. 한결같이 잘생긴 채소나 과일에 정이 안 간다.

조셉 캠벨은 『신화의 힘』에서 의식과 에너지는 어떤 점에서 같으며 담즙이 우리가 먹은 음식에, 우리 의식에 도움이 될만한 게 있는지 없는지를 안다고 했다. 땅의 기운과 제대로 연결되지 않아도, 자연적인 기후의 과정을 거치지 않아도, 고난에 맞서본 적이 없어도, 우리와 교감하지 않아도 괜찮을까? 나는 영양가보다 이런 기운을 더 믿는 사람이다. 그의 말처럼 '심연의 바다에서 들려오는 구원의 목소리에 귀 기울여야' 하지 않을까. 그러나 이런 걱정을 하기엔 이미 늦었다.

밭에는 늘 누군가 오고 누군가는 간다. 올해는 개구리자리와 단풍마가 사라지고 유홍초, 흰독큰갓버섯 붉은사슴뿔버섯이 왔다. 유홍초는 자기 생김새에 맞춰 고구마밭에 끼어들었고 흰독큰갓버섯은 쪽파밭에, 붉은사슴뿔버섯은 들깨 속에 숨어 있었다. 이들은 어쩌다가 여기까지 오게 되었을까. 밭의 가계도가 참으로 복잡하다. 내게 새로운 인연은 계속 이어진다.

먼 데 산이 물결처럼 흐르고 있다. 함민복 시인의 말대로 '모든 경계에는 꽃이 피고' 통곡하듯 빗줄기 쏟아져 서로를 이었다. 대지의 영성이 우리를 감싼다. 우리는 모두 하나의 개체이면서 전체를 이룬다. 천진하게 놀고 꿈꾸고 쿨럭거리고 잉태하고 꽃대를 올리고 발산하고 마무리하는 강물이 천지를 덮는다. 경배할 일이다.

지구에 우연히 올라탄 뒤 세상에나, 태양 주위를 육십 네 번이나 돌았다. 초속 200km도 넘는 속도로 한번 도는데 2억 5천만 년이나 걸린다는 우리 은하를 공전하고 있는 태양 따라, 그 강력한 중력에 빨려들어 또한, 정신없는 속도로 돌아가는 지구에 발을 딛고 있는 여기, 나이마다 다른 위치라는 생각도 없이, 계절마다 다른 하늘이라는 생각도 없이, 실은 돌고 있다는 사실마저 잊은 채 아등바등 코앞의 현실이 전부인 양 살아왔다. 앞으로 몇 년 더 살 수 있을지 모르겠지만, 움직일 수 있는 한 매년, 이 생활은 반복될 것이다.

씨를 뿌리면 거둘 때까지 애가 쓰이고 거두고 나면 다시 씨 뿌릴 마음에 설레며 살아온 시간, 고생할 게 있어서 그래도 살 만했다. 고생 없이 무슨 낙으로 살겠는가.

2부

마음을 통과한 표정

풀 앞에 다시 서기까지

 지금은 우포늪이 전국적 명승지가 되었지만 내가 자랄 때만 하더라도 발전과는 거리가 먼 그야말로 별 볼 일 없는 시골이었다. 부모님은 농사를 지어 자식들 배를 곯리지 않겠다는 마음으로 그쪽 주변으로 이사를 하셨는데 그 낯선 오지에서 뼈가 빠지도록 많은 고생을 하셨다. 지금도 그때 부모님을 생각하면 가슴 한쪽이 저린다.
 그러나 되돌아보면 어린 나에게 그곳은 축복의 땅이었다. 우리는 그냥 자연에 던져진 채 자랐다. 감나무에 걸터앉아 놀고 달빛 아래 숨바꼭질하고 주변의 크고 작은 못에서 멱을 감고 놀면서 스펀지가 물을 빨아들이듯 자연은 내 세포 속으로 그렇게 하나, 하나 스며들었다. 길가 야생화들, 온 동네를 활활 타오르게 하던 복사꽃과 넘실대던 푸른 물결의 보리밭을 어찌 잊을 수 있을까. 반질반질하도록 뒹굴고 놀았던 자그마한 동산들, 타박타박 걸어다녔던 꼬부랑길, 쑥 뜯고 냉이 캔다고 앉았던 논두렁, 밭두렁에서의 감촉은 지금도 손끝에 고스란히 남아 있다.

물론 행복한 기억만 있는 건 아니다. 옳은 기계도 없이 짓는 농사일이다 보니 늘 정신없이 바빠 어린 우리에게도 힘든 일거리가 곧잘 주어지곤 했다. 꼴을 베고 소를 먹이러 다니고 땔감을 하고 뒷산 옹달샘에서 물을 긷고 냇가에서 빨래도 했다. 양파 모종 밭에 아침 일찍 물을 주러 간다거나 타작할 때 보릿단이나 볏단을 나르는 일도 우리 일이었다. 일손이 많이 부족할 때는 모심기에 동원되기도 했다.

그런 여건 속에서 나는 일곱 살 때부터 가마솥에 불을 때서 밥을 지었다. 부모님이 시키신 것은 아니었다. 일터에서 늦게까지 돌아오시지 않으니 어린 마음에도 그렇게 해야 한다는 생각이 들었던 것 같다. 그렇게 밥을 지어놓으면 부모님이 어찌나 대견해 하시던지 그 뿌듯함에 줄곧 밥 짓는 일은 내 차지가 되었다.

그렇게 놀이와 일에 빠져 있던 나는 중학교에 들어가서까지도 공부가 뭔지 잘 몰랐다. 친구들이 시험공부를 한다고 하면 공부를 어떻게 하는 건가 싶어 의아해했던 기억이 난다. 그러다가 고등학교 2학년 때쯤부터 공부 맛을 알게 되었는데 어느 날부터 하나하나 알게 되는 것이 그렇게 좋을 수가 없었다. 과목을 가릴 것 없이 너무 재미가 있어서 밤에 잠이 오지 않았다. 그것은 한 마디로 희열에 가까운 일이었다.

그러나 나는 대학을 가지 못했다. 시골이긴 해도 전 학급 중 한 반 정도는 대학진학을 목표로 할 때였지만 나는 내가 대학을 가지 않는 것이 너무나 당연해서 그게 슬프거나 안타깝지도 않았다. 오빠들 대학 보내는 것도 힘든 마당에 내가 감히 꿈을 꿀 수 있는 상황이 아니었다. 사실은 고등학교를 보내는 것도 우리 형편에 버거운 일이었다. 나는 지금도 그 어려운 살림에 나를 고등학교까지 보내주신 부모님에 너무나 감사한 마음을 갖고 있다.

그러니 말하자면 제도적으로 나를 단련시킨 공부는 거기까지였다. 물론 그 뒤로 돈 안 들고 공부할 수 있는 통신대학 과정을 밟기는 했지만 그건 제도적 소속감을 느꼈다기보다 공부를 놓는 게 너무 이상해서 선택한 나만의 살아가는 방법에 가까웠다. 그러나 그 방법도 세월 따라 자연스럽게 놓아야 할 때가 왔고 그 후로는 쭉 이런저런 책을 잡고 살아왔다.

책을 읽는 일은 내게 그냥 습관이었다. 큰돈 들일 필요도 없이 앉아서 세상의 내로라하는 사람들의 이야기를 챙기는 것은 얼마나 횡재인가. 천성적으로 사람을 좋아하는 나는 그동안 수없이 많은 저자와 작가를 내 연인으로 만들며 살았다. 어찌 보면 현실의 인연보다 더 깊이 매료되고 더 깊이 끌어안았는지도 모른다. 그들이 보여주고 이끌어주고 가르쳐주고 던져주고 밝혀내고 창조해낸 세상 속에서 때로는 눈이 번쩍 뜨이고 때로는 짜릿하고 때로는 먹먹했다. 어떨 때는 혼자 펑펑 울기도 하고 어떨 때는 창밖을 보며 한참이나 멍하니 서 있을 때도 있었다. 그러고 보면 나는 그동안 나도 모르는 사이 그 모든 사람과 참 든든한 인맥을 만들었다.

한편으로 내가 그렇게 책 속으로 빠져든 것은 현실에서의 버거운 나를 잊어버릴 수 있는 도피처였기 때문이기도 했다. 사는 일이 나만 잘하면 되는 줄 알았는데 현실은 그렇지가 않았다. 잘하고 싶은 내 마음과는 달리 어느 날부터 갑자기 멸시에 가까운 대접을 받기 시작하면서 나는 말 한마디도 제대로 구사하지 못할 만큼 무너졌다.

나에게 말의 폭력을 가하며 쾌감을 느끼는 심리에 꼼짝없이 종속되는 그 이상한 느낌은 지금도 잘 표현해 낼 수가 없는데 이상하게도 나는 상대방이 바라는 그대로 바보가 되어 가고 있었다. 그렇게 가슴 가득 열등감을 가지게 되었고 자존감은 형편없이 쪼그라들었다. 그러면서도 그나마 놓치지 않았던 게 있었다면 내가 그런 어처구니없는 일도 잘 참을 줄 아는 사람이라는 것이었다. 나는 잘 참는 것이 여자들에 빼놓을 수 없는 덕목 중의 하나로 뼛속 깊이 배웠다. 그리고는 그렇게 그 모든 것들을 참고 이겨낸다고 생각하고 있었다.

그러나 그것은 터무니없는 착각이었다. 마음은 그렇게 추스르며 나가는 것 같았지만 몸은 마음 따라 정리할 생각이 전혀 없었다. 몸은 컴퓨터 같아서 마음보다 훨씬 지능적이고 정교하고 빈틈이 없다는 것을 그때야 알게 되었다. 불합리하고 부당한 것에 대해 내가 참았다고 생각했던 것들은 실은 그 어떤 것도 사라지는 것 없이 끝없이 반복 재생하며 올라왔다. 조금도 타협하려고 들지 않았다. 시도 때도 없이 나를 덮치며 흔들어댔다. 저절로 일어나는 무서운 힘에 나는 어찌할 바를 몰랐다. 나는 날마다 그런 나를 감당할 수가 없었다. 그건 내가 하고 싶어서 한 일이 절대로 아니었고 멈추고 싶다고 멈출 수 있는 일이 아니었다. 내 몸의 작동, 그러니까 내 뇌의 작동에 그냥 속수무책으로 당한 것이었다.

부끄럽지만 그렇게 내가 나를 파괴한 시간은 너무나 길었다. 그때 화병이 생겨 지금까지 고생하고 있고 이건 평생 안고 가야 할 병이 됐다. 뇌의 시스템이 어쩐다고 본체를 망치는 쪽으로 작동이 되는 건지 모를 일인데 어이없게도 그런 엉터리 일에 내 젊음이 다 날아가고 말았다. 걸핏하면 옳고 그른 것을 따지고 드는 거센 힘에도 힘들었지만 나를 더욱 비참하게 한 것은 내가 그것밖에 안 된다는 자책감이었다. 그로 인해 나 자신에게 얼마나 환멸을 느꼈던가.

그러나 세월이 아무리 지나도 뇌가 일으키는 반란을 다스리는 일은 결국 내 몫이었다. 책을 읽어온 나의 역사에는 그런 시간과도 맞닿아 있다. 책을 붙들고 산 것은 책 속에 무슨 답이 있는지도 궁금했지만, 책을 들고 있는 동안 그런 나 자신을 잊을 수 있다는 이유도 컸다.

긴 시간 동안 온갖 책 속을 돌아다니며 먹으면 배설해야 하는 생리현상처럼 읽은 만큼 글로 끼적이기도 했는데 그 과정 동안 내 속의 짐승에게 충분히 이해하고 인정하고 공감한다면서 하고 싶어 하는 말을 다 받아 적어 눈으로 보여주는 일을 계속했다. 나로서는 도무지 다른 방법이 떠오르지도 않았고 내가 할 수 있는 일은 그 일밖에 없었기 때문에 한 일이었다. 그런데 신기하게도 그게 상당한 효과가 있었다. 내가 쓴 글을 보고는 그제야 처리되었다는 듯 서서히 내 머릿속에서 사라지기 시작한 것이다.

나는 글을 쓰는 것이 감정을 육화시키는 과정이라고 생각하는데 그런 육화 과정에서 무너졌던 내 마음도 아주 조금씩 힘을 차리고 어느샌가 내가 단단해져 가고 있다는 것을 느꼈다. 서서히 마음에 근육이 생기기 시작하고부터는 세상이 편하게 다가왔다. 그토록 열등감과 자책감에 시달리던 것에서 벗어나 이제는 자존감도 회복하여 세상의 중심에 나를 세우는 데도 성공했다. 두렵고 서럽고 외로웠던 삶의 굴레 안에서 나는 참으로 많은 사람의 도움을 받았다.

　공부의 궁극적 목적은 '참나'를 발견하는 것, 편안한 나를 만드는 것에 있지 않을까? 그 힘들던 순간들도 어느샌가 썰물처럼 빠져나가고 언제부턴가 내 안에서 텅 빈 무엇의 힘이 느껴졌다. 어찌 보면 나는 그동안 무엇을 이루고 있었던 것이 아니라 견고하기만 했던 내 아집을 부수는 일을 하고 있었는지도 모르겠다.
　무거운 것이 가벼워지고 복잡하던 것이 간단해지고 옳고 그른 것의 벽도 점점 희미해지면서 어떤 주장도 사실은 조금 위험한 일이며 말을 하는 순간 그건 조금 틀린 것이라고 여겨지기도 한다. 그래서 나는 조금 전까지 내가 했던 일이나 뱉은 말도 곧잘 후회한다. 지금 이 글을 쓰고 있지만, 글을 쓰는 순간 정작 중요한 무엇은 쏙 빠져나갔다는 기분이 든다. 드러낸 것은, 드러나지 않은 것보다 언제나 허술하기 일쑤이다.
　태어나는 순간부터 우리는 자신에게 일어나는 감정을 감당하며 살아야 한다. 내가 내 마음의 주체로 살아가는 것 같지만 사실 속에서 올라오는 것을 관리해야 하는 것이 훨씬 많다. 우리는 항상 바깥에서 나를 괴롭힌다고 생각하지만 따지고 보면 그 문제에 집착하며 분석하고 분별하려는 뇌의 힘에 휘둘리고 있는 일이다.

그래서인지 언제부턴가 어떤 사건을 바라볼 때 저 사람이 왜 저런 일을 저지르게 되었는지를 생각하기보다 저 사람 마음에서 어쩌다 저런 생각이 올라왔을까를 먼저 떠올리게 된다. 우리가 아무리 이성을 가진 동물이라 해도 그런 의미에서 우리 각자의 마음 영토야말로 언제 어떤 일이 일어날지 모르는 사각지대가 아닌가 싶다. 자연의 일부인 우리는 그렇게 생존본능의 이기적 기계를 가동하고 있는 것인지도 모른다.

그런데 내가 그렇게 오랫동안 힘들어할 때 어디에서도 그건 당신만의 문제가 아니라는 말을 해 주지 않았다. 수행이 부족해서 그러니 마음 닦는 공부를 하라는 말이 대부분이었다. 그러나 이제 나는 그런 문제에 있어 간단하게 정리를 하게 됐다. 그건 결코 내 문제만이 아니었다는 것을.

역사는 흐르고 인류는 시대마다 온갖 가치의 성을 지어 올렸다. 그러나 그 어떤 것도 영원히 견고한 적은 없었다. 어느 시대나 옳은 것이 난무했지만 그 어떤 것도 영원한 적은 없었다. 어쩌면 모든 것은 변한다는 것만이 변하지 않는 진리일 것이다. 그래서 인류는 늘 자신이 속했던 시대와 지역의 가치관에 속다가 간다.

뼛속까지 유교적 가치관을 지니고 계셨던 부모님 밑에서 형성된 나의 꿈은 착한 사람이 되는 것이었다. 나의 시대에서 나는 그 가치에 내 전부를 걸었다. 그러나 나는 이제 착한 것이야말로 한쪽의 희생을 요구하는 불의의 모의에 지나지 않는다는 생각을 한다. 그러면서 그에 대한 환상을 버렸다.

연암 박지원은 그의 문하생 이서구에게 보낸 글에서 '대저 마음을 밝히는 도란 텅 비워 물(物)을 받아들이고 담박하게 하여 사사로움이 없는 데 있으며 인생, 자연, 우주가 모두 넓은 의미의 독서이며 천지 사이에 있는 게 죄다 책의 정'이라는 말을 한다. 맞다. 굳이 학교나 책이 아니더라도 사람들은 모두 자기 시간과 공간 안에서 자기만의 공부를 하고 있다. 아니, 사실은 생명을 가진 모든 것은 살아있음에 대해 공부를 하고 있을 것이다. 그래서 그 어떤 것도 무시할 수가 없으며 또한 어떤 것에 대해서도 우월감을 가질 수도 없는 일이다.

생각해 보면 내 진짜 공부거리는 어릴 때 문자 없이 그냥 주어졌다. 길거리의 제비꽃 하나, 보리밭의 완두콩 꽃, 담벼락 위의 채송화나 장독대 옆의 과꽃에 나는 많은 빚을 졌다. 몇 날 며칠 심은 모가 물에 다 잠기고, 물이 빠지면 다시 심어야 한다고 남은 모 몇 단을 지켜야 했던 어느 여름날 밤, 논 옆 길가에 엄마와 단둘이 보릿짚에 누워 캄캄한 밤하늘을 올려다보았던 그때, 펑펑 쏟아져 내리던 별빛에도 나는 빚을 졌다. 아이 하나를 키우는 데 마을 전체가 필요하다는 말이 있는 것처럼 이 나이 들어 가만히 짚어보면 나 하나 사람 만드는 데 전 우주가 도왔다는 생각이 든다.

나는 이제 자본이 쌓아 올린 마천루나 그럴듯해 보이는 사회적인 옷이 별 게 아니라는 걸 알만큼은 공부가 됐다. 밭고랑에서 오랜 가뭄에도 얼굴빛 하나 변하지 않는 풀을 바라보면서 문득 깨닫는다. 저 단순명료함을 알아차리기까지 평생이 걸렸다는 것을. 먼 길을 돌아 돌아 비로소 다시 참스승 앞에 도착한 것이다.

살아가는 모든 것들

살아오면서 나는 여태 원대한 꿈을 꿔 본 적이 없다. 그래도 장점인지 단점인지 한 가지 일을 시작하면 끝까지 매달리는 편이라 시작할 때는 그게 길이라고 생각해 본 적이 없지만 돌아다보니 그런 과정들이 내 길이 된 것 같다. 길은 만들어서 가기도 하지만 가다 보면 만들어지기도 한다.

젊었을 때는 뭐가 뭔지도 모르고 아이들 데리고 세상 따라 참 열심히 살았다. 그러다 보면 어느 날 행복이라는 것이 선물처럼 턱 주어질 줄 알았다. 그런데 오십 고개를 넘을 즈음부터 도착하지 못한 저곳에 특별한 것이 없을 것 같은 느낌이 자꾸 스멀스멀 올라왔다. 아니, 어쩐지 세상에 한바탕 속고 있다는 기분이 들었다. 그러면서 삶의 중요한 정보는 정작 시골의 엄마가 다 가지고 계신 것이 아닌가 싶었다.

그때부터 세상을 향해 있던 고개를 다시 엄마 쪽으로 돌렸다. 그리고는 엄마가 알고 계시는 것들을 다 물려받아야겠다고 생각했다. 그러고 보니 한 해, 한 해 늙어가는 엄마와 아무것도 모르고 따라오고 있는 아이들 사이에 내가 있었다. 그래서 틈만 나면 산나물을 배우겠다고 엄마를 모시고 산으로 돌아다니고 아파트 생활을 하면서도 메주와 청국장을 띄우고 고추장도 담그고 묵도 만들고 두부도 만들었다. 한겨울에는 보리로 엿질금도 만들어 그 엿질금으로 온갖 종류의 조청을 달여 보기까지 했다. 그렇게 어지간히 엄마를 흉내낼 줄 알게 되었을 때 나는 내가 조금 어른이 된 기분이었다.

그러나 그걸로는 부족했다. 한쪽 구석이 계속 허전했다. 채워지지 않는 무엇이 있었다. 그렇다. 자연으로 완전히 기초공사가 된 나는 흙을 만지고 사는 것이 제대로 사는 것이라는 생각을 벗어날 수가 없었다. 내 노동이 들어가지 않은 것을 돈으로 간단히 취하고 있는 것은 끝까지 마음에 걸리는 일이었다. 마트에 진열돼 있는 푸성귀를 보면 도심 속으로 흘러들어온 나만큼 처량해 보였다. 푸성귀와 나는 그렇게 만나면 안 되는 것처럼 여겨졌다. 그리고 또 한 가지, 엄마 품속에 있는 종자를 물려받고 싶은 마음도 간절했다. 종자의 대를 이어가고 싶었다. 그래서 기어이 밭 한 떼기를 장만했다. 그리고는 지금까지 그런 내 생각의 대가를 치르는 중이다.

그동안 참 정신없이 세월을 보냈다. 고생도 많이 했다. 농사일이란 원래 소농이 힘들다. 얼마 되지도 않는 땅을 가지고 기계를 사기도 그렇고 때마다 부탁하기도 그렇고 다루지도 못하니 빌릴 수도 없는 노릇이다. 그냥 오로지 한 삽, 한 삽 몸으로 일구어야 한다. 어지간한 건 다 받아주는 모성을 가진 흙이지만 정작 상대해 보면 성정이 보통 깐깐한 게 아니다. 세상 모든 일을 가장 근본부터 생각해 보게 하거니와 어느 것 하나도 거저 주겠다는 것 없이 땀을 흘리는 딱 그만큼 내어준다. 꾀는 절대 통하지 않는다. 참으로 호된 교육이다.

그래도 나는 몸으로 익히는 공부가 머리로 하는 공부보다 더 좋고 또 더 중요하다고 생각한다. 뼛속 깊이 엄마를 닮은 나는 일이 없어 편한 것보다 일이 있어 힘든 것이 더 낫다. 어쩌다 일없이 며칠 쉬게 되면 죄의식 비슷한 것이 올라온다. 몸이 뼈근하도록 일을 하고 나면 그제야 제대로 하루를 보낸 듯 뿌듯해진다.

하긴 이제 나이도 들고 젊을 때처럼 일하지는 못한다. 엄마가 골병이 들었던 모습을 떠올리면 겁도 난다. 어이가 없는 것이 밭을 살 때만 해도 내가 나이가 들고 늙는다는 것을 계산에 넣지 않았다. 계산이 어긋난 건 그뿐만이 아니다. 아이 셋 다 내 곁을 떠났다. 기껏해야 한 달에 몇 번 엄마 밥을 먹는다. 앞으로는 아마도 일 년에 몇 번 먹는 정도가 될 것이다. 그런 데다 '클릭'으로 모든 것이 도착하는 것을 너무도 당연하게 여기는 '신인종'이다. 아이들은 엄마가 무슨 일로 바쁜지 전혀 모른다. 세월이 흘러 내 나이쯤이 되었을 때나 씨앗에 욕심을 내줄까? 알 수 없는 일이다.

나를 아끼는 사람이나 아이들은 이제 고생 그만하고 편하게 살라는 말을 자주 한다. 그러나 내가 이 일을 그만둘 수 있을까, 스스로 물어보면 그럴 수가 없다. 바쁘고 힘든 것이야말로 나를 살게 하는 힘 아닌가.

밭에서는 시간이 물 만난 고기처럼 팔팔 살아 움직인다. 눈 깜짝할 사이에 한나절이 간다. 시간이 잘 가는 것도 좋지만, 일하다 보면 힘들어서 웬만한 모난 생각들은 다 깎인다. 그러는 사이 순간순간 나를 깜빡 놓칠 수 있는 기막힌 시간이 나도 모르게 찾아오기도 한다. 끈덕지게 달라붙는 나를 피해 그렇게 도망 다녀도 되지 않던 일이 자연 속에서, 일 속에서 저절로 일어나는 것이다.

어릴 때야 그저 어른들 일 거들어주는 정도였으니 농사일 어떤 것도 내게 온전히 들어온 것이 없었다. 사실 그걸 이해하고 받아들일 나이도 아니었다. 그런데 어른이 되어 직접 씨앗을 심어 보니 콩 심은 데 콩이 나고 팥 심은 데 팥이 나고 녹두 심은 데 녹두가 나는 게 그렇게 신기할 수가 없었다. 내 손끝으로 참깨를 거두고 들깨를 거두는 것은 말할 수 없는 감동이었다. 어설프게 심은 고추가 주렁주렁 붉게 익어가는 걸 보고 얼마나 감동했는지 모른다. 그렇게 당근을 심어보고 감자를 심어보고 고구마를, 옥수수를, 마늘을, 호박을, 양파를 심어보면서 그때마다 몰랐던 세상의 문을 활짝 열었다. 그것은 실로 빛나는 일이었다.

어디 그뿐인가. 심고 싶은 나무는 다 심어보았다. 묘목은 그리 비싸지가 않았다. 아, 내 밭에서 심어보고 싶은 나무를 다 심어보는 기분을 또 어디다 비길까. 나무를 심을 때마다 탐스러운 열매가 가득 열리는 상상을 할 때는 세상을 다 가진 듯 행복했다. 초반에는 멋도 모르고 심기만 하면 되는 줄 알았다. 그래서 화훼단지를 지날 때마다 또 낯선 나무는 없는가 하고 둘러보곤 했다.

  그러나 많은 나무가 내 맘처럼 따라와 주지 못했다. 매해 벌레 때문에 몸살을 하고, 어떤 건 몇 년이 지난 지금도 열매를 맺지 못하는 것도 있고, 몇몇은 그예 죽어버리기까지 했다. 지질, 기후, 나무의 특성 등을 고려했어야 했는데 내가 뭘 알았겠는가. 아무튼, 그동안 이들과 기운을 주거니 받거니 하며 지낸 지 벌써 10년이 훌쩍 넘었다. 모르긴 해도 이들은 이제 내 발걸음을 알고 있을 것이며 나도 이들의 기분을 어지간히 읽을 수 있다.

  당연히 밭에서는 내가 심은 것만 사는 게 아니다. 작물과 나무 외에 더 왕성하게 살아가는 풀이야말로 들판의 원주민들이다. 풀 입장에서야 사람이 무지막지한 침입자들일 텐데 나로서는 또 너무 무지막지한 이들의 번식력이 때때로 무섭고 두렵다. 이들에게는 경계가 없고 주변에 누가 사는지에 대한 관심도 없다. 오직 최선을 다해 자기 영역을 넓히려고 할 뿐이다. 땅을 조금이라도 더 차지하려고 서로 엉겨 뻗어 나가는 걸 보면 얼마나 가차 없고 드센지 뒷골이 서늘해질 정도다.

  삽질이 힘들다지만 삽질보다 더 힘든 것이 풀과 상대하는 일이다. 수많은 풀이 한 해 자기 할 일을 마치고 가면 그 씨앗들은 밭을 다 덮는 정도가 아니라 켜켜이 쌓인다고 봐야 한다. 이들은 언제나 수적 승부를 거는데 하나의 씨에서 태어난 씨의 양이 너무 엄청나서 뒤로 벌렁 나자빠질 지경이다. 그것도 불안한지 뿌리 번식까지 동시에 하는 것도 많고 뻗어 나가면서 마디마디 끊어져도 살 수 있는 수도 쓴다. 그러고도 모자라 시간차 전략이라는 비장의 카드도 가지고 있다. 뽑히고, 뽑히고, 뽑히더라도 다음 타자가 대기하고 있다가 올라오는데 처서 때까지 계속되는 일이다.

한 번도 대접받아본 적이 없어서 그런지 언제나 모질고 씩씩해서, 작물들은 이들과 싸우면 백전백패다. 옳게 먹는 것도 없는 것들이 온갖 영양을 듬뿍 받아먹는 작물을 언제나 이긴다. 여름에는 잠시만 가지 않아도 작물들을 형편없이 만들어 놓는다.

지나가는 사람들은 풀만 싹 죽일 수 있는 약이 나오는 요즘같이 좋은 세상에 왜 약을 치지 않느냐고 혀를 찬다. 그러나 내게도 속셈은 있다. 잡초라고 해도 좋은 약성을 가진 것이 많다. 끊임없이 스스로 대처하면서 생긴 면역성 때문인지 나는 여태 이들이 아픈 걸 본 적이 없다. 잡초야말로 최고의 약초다. 그렇다고 다 챙겨 먹는 것도 아니지만, 보는 것만으로도 든든해서 사라져 버릴까 걱정까지 하고 우리 밭에 없는 건 씨를 받아다가 일부러 던져 넣기도 한다.

그런데 요즘은 멀쩡하게 알고 있던 이름을 까먹을 때가 많다. 한참 동안 이름이 떠오르지 않아서 애를 먹는다. 그래서 올봄에는 전부 이름을 적어 보았다. 적어놓고 보니 과연 종류가 많기도 하다. 내가 한 번이라도 심어본 작물이 70여 종, 나무가 50여 그루, 풀이 100여 종에 이른다. 손바닥만 한 땅에 말이 되는가 싶어 내가 적고도 놀랍지만 누가 뭐래도 이들만큼은 속속

들이 사정을 아는 엄연한 내 식구들이다.

식물들이 그저 수동적으로 살아가는 것 같지만 들여다볼수록 보통이 아니다. 지독히도 모성이 강하며, 자신에게 굉장히 엄격하고, 감각적으로도 뛰어나고, 상황을 파악하고, 대응할 줄 알고 끈질기다.

감자나 양파 같은 뿌리채소들은 천지가 쩡쩡 어는 한겨울에도 제 몸을 데워 어린싹에 젖을 먹이는 걸 볼 수 있다. 여름날 옥수숫대는 알곡이 꺾인 그 순간부터 할 일을 다 끝냈다고 딱 금식을 한다. 완두콩은 싹이 자랄 때쯤 의지할 데를 생각해서 지지대를 세워주는데 눈도 없는 줄기가 주변의 지지대를 기가 막히게 찾아간다. 앵두나무는 옮겨 심었더니 한 해 쉰다고 열매를 맺지 않았다. 언덕에 있던 두릅나무는 십여 년 세월 끝으로 시멘트 도로를 지나 반대편 밭에 도착했다.

꾀는 또 얼마나 많은가. 남을 타고 살아가려고 주변이 다 자라고 나면 그때야 나타나 움직이는 야생콩을 보라. 한여름에 이들이 정신없이 주변을 덮어버리면 안에 갇힌 것들은 햇빛을 보지 못해 죽을상을 하고 있다. 남이야 빛을 보지 못하든 말든 자기들만 생각하는 얄미운 족속이 아닐 수 없다. 그러나 그걸 어디 탓할 일이겠는가. 모두 자기 임무를 꼭 마치고 가겠다는 집념에 불타고 있을 뿐이다.

식구란 말이 나와서 말인데 약을 치지 않으니 우리 밭만큼 곤충이나 야생동물들의 천국도 없을 것이다. 밭은 수많은 동물의 일터이자 놀이터이자 집이다. 내가 있기 전 먼저 이들이 있었다.

농사를 지어보겠다는 꿈의 풍랑에 휩쓸려 도착한 '릴리퍼트'에 죽을 둥, 살 둥 내 나라를 건설해 보려 하지만 토착민들은 끝까지 내가 마뜩잖기만 하다. 엄청나게 먹어치우고 가끔 그들의 신전에 실례하고 기존질서에 풍파를 일으키거나 당파 싸움에 무례하게 끼어드는 일에 대한 항의를 멈추지 않는다.

무당벌레는 점박이 갑옷을 챙겨 입었고 땅강아지는 아예 무기를 몸에 달았고 달팽이는 집을 지고 다니며 내 길을 분석한다. 콩벌레와 지렁이는 습습한 곳마다 참호를 짓고 굼벵이는 땅속에서 미래전략을 짜고 개미군단은 수시로 나를 타고 올라와 사상 점검을 한다. 쥐는 사방으로 지하 동굴을 파 놓았고 뱀은 쓰윽, 오금 저리게 서늘한 밀서를 쓴다. 노린재는 화생방 담당이다. 나비와 잠자리의 전술만은 팔랑팔랑하지만, 방심을 노려 강한 독극물로 찌르고 보는 몸도 안 보이는 투사는 또 누구인지, 이곳에는 어떤 협상도 불가능하다. 시도 때도 없이 공격을 당한다. 아, 이 땅의 권리에 대한 서류를 누구에게 내보일 것인가.

삶이란 참 알 수 없는 것이 여기서 고양이 녀석 우리 막내, '보리'를 얻었다. 아이들 다 나가고 없는 썰렁한 집안에 하루에도 몇 번씩 깔깔거리며 웃게 만드는 존재를 막내라고 하지 않고 뭐라 하겠는가. 아사 직전의 녀석을 어쩔 수 없이 들였는데 보리는 또 우리에게 완전히 새 세상을 열어주었다. 어찌 보면 우리 가족의 중심이 되었다고도 할 수 있다.

어느 생명인들 하찮은 것이 있겠는가. 지구는 둥글고 모든 생명이 앉은 자리, 거기가 바로 세상의 중심이다. 이 길로 들어서고 나서 살아가는 모든 것들에 눈을 뜬 것은 생각지도 못한 의외의 수확이다. 내가 이 사실을 깨닫고 가게 되어서 얼마나 다행인가. 이 많은 생명과 함께하면서 모르긴 해도 나도 많이 사람이 되었다고 생각한다. 이 모든 것들과 악수를 해봤으니 나만큼 부자가 또 있을까 싶다.

나는 내 길에서 편안함을 느낀다. 자연은 참으로 완전한 문장이다. 생명 하나하나가 한 편의 시처럼 반짝인다. 우리 밭에는 시집과 책들이 빽빽이 들어차 있다. 날마다 새로운 내용이 펼쳐진다. 여기는 '월평서원'이다. 나는 여기서 무엇과도 견줄 수 없는 위안을 얻으며 공부는 여전히 계속되고 있다.

보리 이야기

　우리 막내 '보리'는 2014년 5월에 우리 집에 왔으니 함께한 지가 10여 년이 되었다. 태어난 지 한 달이나 되었을까, 녀석이 일하고 있던 내게 구조 요청하러 오던 모습이 지금도 선하다. 나는 그때 고양이의 말을 전혀 터득하지 못했으므로 이 녀석이 내게 무슨 말을 하려고 왔는지 몰랐다. 며칠 뒤에 다 죽어가는 녀석을 발견하고서야 사태파악을 했다.
　그렇게 한 생명을 어쩔 수 없이 집에 들이게 됐다. 그러나 나는 이 녀석을 집에 오래 둘 생각이 없었다. 한 달쯤이나 데리고 있다가 힘을 차리면 다시 내보낼 생각이었다. 그때까지만 해도 아파트에서 동물을 끼고 사는 사람들은 팔자가 좋은 사람들이라고만 생각했다.
　그런데 아이들이 이 녀석에게 그만 정이 흠뻑 들고 말았다. 알고 보니 아이들이 이 녀석을 키울 준비를 하고 있었다. 나 모르게 그새 예방접종도 마쳐 놓은 상태였다. 그러면서 고양이는 영역 동물이기 때문에 이 상태에서 내보내면 다른 고양이들로부터 공격 당하고 이내 죽을 수도 있다고 했다. 죽을 수 있다는 소리에 나는 움찔했다. 그때부터 보리는 우리 식구가 되었다.

그래도 나는 밭에 갈 때마다 녀석을 데리고 갔다. 우리 집에 있는 것이 배곯을 일 없고 안전하기는 하지만 한편으로 자기 본능대로, 천성대로 살지 못할 생각을 하면 마음이 가볍지 않았다.

밭에다 풀어 놓으면 녀석은 신이 나서 이리저리 뛰어다녔다. 그런데 막무가내로 노는 게 아니었다. 어디 보이지 않는 쪽까지 갔다가도 30분 간격으로 내가 있는지 확인하고는 다시 가곤 했다. 그때야 내가 정말 이 녀석의 엄마가 되어버렸다는 걸 알았다.

키울 때는 우리 애들과 똑같이 했다. "우리 보리 꽁꽁, 착한쟁이 꽁꽁, 튼튼쟁이 꽁꽁, 똑또구리 꽁꽁, 멋쟁이 꽁꽁, 천재만재 꽁꽁, 꽁꽁이 꽁꽁"이라는 노래를 시간 날 때마다 불러줬다. 녀석은 내 품에 안겨들었다가 노래가 끝나면 입이 찢어지도록 하품을 했다. 실컷 사랑해 주었더니 하품이나 하는 건가 싶었는데 키워 보니 기분이 최고로 좋을 때 하는 짓이었다.

고양이들은 반응을 잘 하지 않는다는데 보리는 오라고 하면 오고 부르면 대답한다. 세근이 말갛고 피도 뜨겁다. 지가 무슨 예의범절을 배웠다고 밥을 주면 꼭 고맙다는 인사를 하고 남편이 퇴근해 오면 온몸을 출렁거리며 뛰어가 반갑다고 몸을 비빈다. 남편이나 아이들에게서 전화가 오면 옆에 자기도 있다고 벌러덩 눕거나 소리를 내면서 반가워한다. 남편과 내가 싸울 땐 불안한 눈빛으로 다가와 싸우지 말라고 애원하는 듯한 소리를 내기도 한다. 손녀가 울 때는 어김없이 다가가 울지 말라며 옆에 앉는다.

　감정도 사람과 다를 게 없다. 울고 화내고 외로워한다. 특히 외로움을 많이 타는데 내가 외출하면 다른 가족이 있든 말든 자기 인형을 가지고 슬프게 운다. 늦게 들어오면 토라져 못 본 척하고 말이 곱게 나오지 않는다. 그래도 자기가 허용하는 시간 안으로 들어오면 꼭 입을 맞추려 든다.

　나름의 철학이 엿보이기도 한다. 필시 노장사상이 유전된 모양으로 칙사 대접을 받으면서도 털끝만큼도 아부할 생각이 없고 모든 편견에서 벗어나 있고 쓸데없는 목적을 가지거나 눈치를 보는 일도 없다.

　끝내 자기 종족의 말을 지키면서 우리와 소통하고 있는데 말을 얼마나 잘 알아듣는지 마음먹고 가르친다면 웬만큼은 가르칠 수 있을 것 같다. 나는 특히 '사랑'이라는 말을 먼저 가르쳤다. 그랬더니 몇 번 되지 않아 바로 알아듣고는 사랑이라는 말만 하면 눈이 그윽해지며 그르렁 소리를 낸다.

　"보리야, 사랑해, 해줄까?" 하면 "응"하면서 다가와 아기 짓도 한다. 어릴 때는 누가 있어도 하더니 나이 들어가면서는 아무도 없을 때만 한다. 나는 이 녀석들이 이렇게 머리 좋은 줄을 몰랐다. 소름 돋을 만큼 놀랄 일이었다. '나쓰메 소세키'의 작품 속 고양이는 결코 문학적 장치가 아니었다.

　우리가 보리를 거두어 키운 것 같지만, 생각해 보면 우리가 보리로부터 얻은 게 더 많다. 사랑할 대상이 생긴 자체가 식구 모두에게 활력이 되었다. 내 입에서는 하루에도 몇 번씩 사랑이라는 말이 튀어나온다. 막내는 워낙 보리를 좋아해서 한창 공부할 때 도움을 많이 받았다. 한여름 에어컨도 없는 방 안에서 보리가 있는 것만으로도 견딜 만했는지 몇 시간이고 나오지 않았다. 끝까지 함께 있어 주는 보리 녀석이 얼마나 고맙던지. 손녀가 자라는 데도 한몫했다. 둘이 더 없는 친구가 되었다. 아마 그래서 다들 반려동물을 키우는 것일 거다. 내가 경험해 보지 않았으면 몰랐을 일이다.

보리를 알고 난 후로 나는 움직이는 모든 것들을 예사롭게 보지 않게 되었다. 모두 우리 보리 지능만큼 될 것으로 생각하니 살아가는 모든 것들에 짠해졌다. 심지어는 징그럽기만 한 쥐를 보고도 그런 마음이 생겼다. 새끼 세 마리를 데리고 다닌다는 멧돼지가 우리 밭을 다녀갔을 때, 파먹은 고구마가 아까운 게 아니라 그들이 한 끼 밥을 해결한 것에 뜨거운 마음이 올라왔다. 보리는 지구상에 함께하는 모든 생명에 대해 내가 다시 눈을 뜨도록 해 주었다. 그런 면에서 이 녀석은 내게 또 다른 세상을 열어준 스승이다.

우리가 가진 재산 중 가장 거금을 주고 산 원목 가구들은 지금 어디 하나 성한 데가 없다. 거실이고 방이고 할 것 없이 벽지는 온통 너덜너덜해졌다. 보리가 긁어서 그렇다. 그러나 이제 우리는 이런 일들로부터 초연해졌다. 손님이 와도, 사위를 둘이나 봐도 그 상태 그대로 손을 보지 않았다.

노화 현상인지 보리 눈에서나 내 눈에서나 눈물이 자꾸 나온다. 나도 자주 깜빡깜빡하는데 보리도 요새는 황태를 먹고도 잊어버리고 또 달라고 조른다. 어느새 같이 늙어간다. 우리는 지구별에 함께 온 동지가 되었다. 그래서 더 애틋하다. 녀석은 내가 자기 이야기를 이렇게 길게 하는지도 모르고 어디 갔는지 보이지 않는다. 어릴 때는 나와 숨바꼭질도 참 재미있게 했는데 이제 그런 시기는 지났다. 보리나 나나 요즘 오래 적막강산에 든다.

어떤 날의 다짐

 약속이 있어 길을 나섰다. 화장까지 살짝 하고 나니 약간 들뜨고 설레기도 했다. 오랜만에 느끼는 감정이었다. 거리에는 낙엽이 바람 따라 우르르 몰려다니고 있었다. 내 기분 때문인지 모두 할 일을 끝내고 홀가분하게 나선 발걸음처럼 보였다. 모두 나만큼 들떠 있고 설레하는 것 같았다. 이팝나무 길을 지나 벚나무 길을 지날 때까지 이들의 축제는 계속되고 있었다.
 그 어느 순간, 회오리가 일었던가. 내가 잠시 몽롱해졌던가. 곧 만나게 될 주인공과 나 사이에 아스라한 통로가 열리고 있었다. 마음과 마음이 연결되는 길이었다. 그래, 그런 일도 있었지. 맞아. 이런 일도 있었잖아. 그때 나는 놀랐어. 몸 둘 바를 모를 지경이었어. 인연을 귀하게 여기는 그의 심성에 전율을 느꼈지. 그래서 그에게서 그런 시가 나오는지도 몰라.
 그즈음 그의 시에서 맡을 수 있는 풀 내음이 훅 스치는 듯했다. 참으로 오롯했다. 그렇게 나는 모처럼 현실을 벗어나 누구에게서도 방해받지 않는 공간에서 그를 향해 달리고 있었다.

만나기로 한 분은 P 선생이었다. 선생은 먼저 도착해서 그새 주변 시장을 한 바퀴 돌았다고 했다. 밥을 먹으면서 시장에서 만난 몇 가지를 적어 놓은 걸 보여주기도 했다. 거기에는 시의 소재가 될만한 것들이 갓 낚은 물고기처럼 들어있었다. 내가 다 떠올릴 수는 없지만, 기장시장에서 흔히 볼 수 있는 것들이었다. 열기인가 볼락인가가 펄떡거렸고 한 귀퉁이의 토속 젓갈도 올라와 있었다. 선생은 내게 미역귀를 선물로 주기까지 했다.

나는 어째서 기장시장을 그렇게 다니면서도 무덤덤했을까. 내 문제는 여기서 시작된다. 시인 흉내를 내 보려 하지만 결정적인 걸 찾아낼 능력이 부족하다. 대화 도중에 내가 좀 '털팔이'라고 고백하기도 했는데 나는 야무지고 꼼꼼한 것과는 거리가 멀다. 평소에도 그랬지만 아무래도 나는 시 짓는 일보다는 독자 자리가 더 맞겠다는 생각이 또 들었다.

차 마실 장소는 선생이 미리 정해 놓아서 좋았다. 아파트 숲 사이 좁은 골목으로 접어들었다. 한 번도 지나다닌 적 없는 낯선 길이었다. 그 짧은 길이 또 다른 세계로 넘어가는 통로였다는 건 나중에야 알았다. 얼마 지나지 않아 동화 속 그림 같은 아담한 카페가 나타났다.

나는 사실 카페에 들어서기까지 우리가 무슨 대화를 나누게 될까, 약간 신경이 쓰였다. 내 입에서 아무 말이나 튀어나올까 봐 걱정도 되었다. 우리가 친한 사이인지, 편한 사이인지도 애매해서 조금 조심스럽기도 했다. 그러면서 아마도 우리는 의례적이거나 뻔한 소리를 좀 하다가 일어설 거로 생각했다.

하지만 내 생각은 빗나갔다. 선생은 자리에 앉자마자 바로 우리 공간을 시 세계로 넘겨 버렸다. 탁자에는 띠지가 많이 붙은 정호승 시집이 놓였다. 다른 말이 필요 없어지면서 나는 이내 편안해졌다. 그 시간이 커피 향 같기도 하고 내가 마신 생강차처럼 달짝지근하기까지 했다.

선생이 '그리운 부석사' 편을 펼쳤을 때 내가 아는 시라 반가웠다. 나는 그때 내가 그 시를 잘 안다고 여기고 있었다. 내 문제는 여기서 또 드러났다. 나는 쓱 한 번 읽어 보고는 끝이었다. 쿵 치는 게 있었고 통쾌했고 저 깊은 곳으로부터 내가 으스러지는 기분이 든 것으로 다 읽은 듯했다.

그러나 선생은 시를 대하는 자세부터가 달랐다. 단어 하나하나 놓인 뜻을, 놓인 그 자리를 예사롭게 대하지 않았다. 게다가 선생은 보이지 않는 것까지 보고 있었다. 내용에는 없는 의상 대사와 선묘의 전설까지 배경으로 펼쳐냈다. 그러자 시에 음영이 드리워지며 더욱 깊어졌다. 후려치는 바람도 느껴졌다. 의미보다는 리듬처럼 발음하던 비로자나불과 아미타불이 더 큰 파장을 일으키고 있었다. 그렇게 해서 선생만의 시 한 채가 모습을 드러냈다.

문득 '그 무엇 하나에 간절해질 때는 등뼈에서 피리 소리가 난다'라는 신달자 시인의 '간절함'이란 시가 떠올랐다. 선생에게서도 '열 손가락 열 발가락 끝에 푸른 불꽃이 어른거리는' 것 같았다. 저만큼은 돼야 저만큼의 시인이 되는구나 싶었다.

그러고 보니 선생도 맑은 인상이나 맑은 목소리까지 정호승 시인을 많이 닮았다. 사실 이분을 시인의 길로 이끌어 준 분도 정호승 시인이다. 그래서인지 시도 비슷한 데가 있다. 맑은 부분에서 특히 그렇다.

 선생은 잠시, 지금까지 자신을 열어준 시인들을 떠올리기도 했다. 한때 우리를 스쳐 간 수많은 시인을 관통하고 있었다. 그즈음 적어도 그의 시만큼은 기교로 지은 것이 아니라 온몸을 통과하여 나온 것이라는 걸 알 수 있었다. 적어도 그가 자신의 시만큼은 살고 있다는 믿음이 갔다. 마침내 선생으로부터 천상병까지 피어났을 때 나는 그 분위기에 젖어 고등학교 때 배운 '새' 노래까지 읊조리게 되었다.

 ……산다는 것과 아름다운 것과 사랑한다는 것과의 노래가 한창인 때에, 나는 도랑과 나뭇가지에 앉은 한 마리 새……

 나는 눈물이 살짝 돌았다. 나도 모르게 아득한 시절에 닿는 기분과 함께 그 특별한 공간에 취해서였다. 이런 시간을 가지기가 쉬운 일인가. 이 시간은 내게 더할 나위 없는 호사였다. 나는 그가 이런 방식으로 우리 시간을 채우기로 한 세심함에 감동했다. 특별 대접을 받는 기분이었다.

 그는 아름다운 사람이다. 먼 데 계시는 노시인의 시 원고 정리를 도와드리려고 기어이 짬을 내고, 공원에서 새가 목마를까 봐 때때로 물을 챙겨주고, 길가 잡초 같은 나에게까지 알뜰한 마음으로 대한다. 티 하나 내지 않고 나를 가만가만 이끌어 준 그의 마음 씀씀이에 나는 울컥 붉어졌다.

 시가 맑아서 사람도 맑아졌을까. 사람이 맑아서 시도 맑아졌을까. 돌아오는 길, 나도 앞으로 이 만남의 결을 훼손하면 안 되는 정도로는 살아야겠다는 마음이 올라왔다. 우리 사이에 강물이 흐르고 꽃이 핀 것처럼 여겨진 하루였다. 우리 사이에 새가 울고 도랑이 생긴 것 같은 하루였다.
 설마 천억 원의 재산이 백석의 시 한 줄만 못하다는 말이 아직도 유효할까. 이 팍팍한 세상 속에서도 선생을 보면 그럴 수도 있겠다는 생각이 든다. 이런 시인이 있어 그나마 세상이 이만큼이라도 돌아가는 게 아닐까.

아이의 손을 잡고

손녀를 데리고 놀이터에 갔다. 너덧 살쯤 되어 보이는 아이들이 제법 있었다. 이리저리 뛰어다니기도 하고, 미끄럼틀을 타기도 하고, 그네를 타다가 아기가 나타나자 관심을 보이며 다가오기도 했다. 너덧 살이니 따라 나온 엄마도 있었지만, 대부분은 엄마 없이 친구들과 어울려 놀고 있었다.

손녀는 나와 숨바꼭질하며 놀다가 곧 미끄럼틀을 타고 싶어 했다. 자박자박 걷는 수준이어서 나는 아이를 잡아주려고 따라갔다. 그런데 신기한 일이 일어났다. 한 발자국, 한 발자국 계단을 오르고 있는 손녀를 보고는 아직 아기들로밖에 보이지 않는 꼬맹이들이 서로 엉켜 놀다가 모두 양쪽으로 붙어서며 길을 터주는 게 아닌가. 손녀가 뛰어다니다가 넘어지자 그네 타던 아이는 나보다 먼저 뛰어가 손을 잡아주었다. 놀다가 집으로 들어오는 엘리베이터 앞에서도 아이들은 의젓하기만 했다. 아기 먼저 태우고 타겠다고 가만히 기다려주는 것이다.

한번은 내가 손녀 책을 한 아름 안고 가다가 떨어뜨리게 되었는데 저 위쪽에서 하교하던 초등학교 저학년 몇 명이 부리나케 뛰어와 책 줍는 걸 도와주는 일도 있었다. 나는 많이 놀랐다. 귀하게 크는 요즘 아이들이 자기밖에 모르는, 버릇도 없는 응석받이일 거라고 여겼는데, 전혀 그렇지가 않았다.

내 손녀도, 어린 것이 사람을 어떻게 대해야 하는지를 본능적으로 알았다. 우리 가족은 아기가 걷기 시작할 즈음에 일명 온나, 온나 놀이를 한다. 우리 아이들 키울 때도 했다. 모두 일렬로 앉아 아이를 저만치 세워놓고 서로 자기에게 오라고 소리를 지르는 일이다.

손녀는 모두 자기더러 간절히 안겨주기를 바라니 얼떨떨하면서도 신이 나는 모양이었다. 처음에는 그냥 멋모르고 엄마 아빠에게 달려갔다. 그러나 이내 할아비, 할미, 이모, 삼촌이 걸리는 눈치였다. 모두의 간절한 눈빛과 손짓에, 이 문제가 생각보다 간단한 일이 아니라는 걸 알아차렸는지 너무 난감해하면서 그만 울음보를 터뜨리고 말았다. 그다음부터는 모두에 안기는 작전을 썼다. 그러면서 우리는 시시해져 버렸다.

어린아이들을 보면 관계에 대한 선한 천성이 그대로 느껴진다. 분명 저절로 그러하다. 이렇게 갖추고 태어나 자라면서 서서히 이 본성을 잃어가는 일이라니, 그러니까 아이들은 어른에게 배울 존재가 아니다. 오히려 어른인 우리가 눈을 닦고 이 아이들을 쳐다봐야 할 일이다.

문득 내 아이들이 태어날 때가 떠오른다. 나는 얼마 동안 아기에게 카메라를 갖다 댈 수가 없었다. 신령스러운 기운이 막처럼 아기를 둘러싸고 있는 느낌이었다. 그건 저절로 훅 덮쳐

오는 것이었다. 나만 그런 것이 아닐 것이다. 정말이지 우리는 누구랄 것도 없이 우리에게 온 이 위대한 존재에 대해 한없이 먹먹하고 감사한 일로 무릎을 꿇고 끌어안으며 우리의 젖을 물렸다.

우리는 언제부터 우리를 휘감던 그 특별한 감정을 잊어버리게 되는 걸까. 부모가 아이들의 위대함을 잊어가듯 아이들도 부모에게서 불안을 배우며 서서히 경직되어 갈 것이다. 내게 지난 일 중 가장 후회되는 게 있다면 서너 살 된 아이에게 그 시시한 학습지를 시켰던 일이다. 그래서 더 큰 인물이 되지 못했는지 모르겠다.

우리나라에서 이 해맑은 아이들 앞에 놓인 길은 뻔하다. 앞으로 끝도 없는 경쟁이 놓여 있다. 초등학교 고학년이 되면서부터는 종일 학원을 돌며 오밤중에 집에 돌아온다는 말이 들린다. 내가 아이를 키우던 30여 년 전에도 그랬는데 아직 전혀 바뀐 게 없는 모양이다. 아니, 이제는 의대 열풍까지 불어 초등생 '의대 반'이 생겼다는 걸 보면 경쟁은 더 극악해진 것 같다.

프랑스 르몽드지 기자는 우리나라 아이들을 취재하고 돌아가 '세계에서 가장 불행한 아이들'이라는 기사를 썼다고 한다. 얼마 전에는 『신경 끄기의 기술』을 쓴 마크 맨슨이 우리나라를 여행한 뒤 '세계에서 가장 우울한 사회'라는 제목의 영상을 올렸다. 나라 밖 남의 소리를 듣지 않아도 우리는 이미 알고 있다. 여론조사로도 우리나라 인구의 80%가 자신은 불행하다는 답을 했으니까 말이다.

우리는 어쩌다 이렇게 되었을까. 어디서 무엇이 잘못된 것일까. 그러나 누구를 탓하겠는가. 이런 현실을 만들어가는 건 우리 자신이다. 물질만능주의를 향한 살벌한 경쟁은 우리한테서 비롯됐다. 내 아이만 잘 키우면 된다는 마음을 가진 것도 우리다. 어떤 정부는 그걸 부추기듯이 자사고, 특목고를 양산하기도 했다. 나는 그 정부 철학에 오랫동안 현기증이 났다.

우리는 서로에게 합법적 가해자이면서 법으로도 막을 수 없는 피해자가 되었다. 그래서 다 가지고도 불행한 사회가 되었다. 세계적으로 뉴스가 될 정도로 개인 빚 1위, 명품소비 1위, 출산 하락률 1위, 자살률 1위 등 온갖 불명예를 안고 있는데 역시 교육비 지출도 세계 1위라고 한다. 이 세계 속으로 저 천진한 아이들이 빨려 들어오고 있는 일이라니.

김누리 교수는 '우리의 불행은 당연하지 않고', '우리에겐 절망할 권리가 없다'라고 열변을 토하지만, 우리는 그의 말에 공감하면서도 공감하지 않는다. 돌아가는 세상이 그렇지 않다고 여긴다. 여기서 나만 낙오될 수 없다는 심정으로 따라간다.

어린 손녀의 손을 잡고 앞에 놓인 길을 본다. 이 아이도 경쟁 속에 집어넣어야 하는가. 이 아이도 결국, 따라가야 하는 일인가. 큰딸은 어디 학군이 어쩌고저쩌고한다. 다 부질없는 짓이라고 한들 이 말이 귀에 들어오지 않을 것이다. 엄마가 되면 어쩔 수 없이 어리석어진다.

우리는 놀이터의 아이들처럼 살면 안 될까? 사는 걸 놀이처럼 하다 가면 안 될까? 무슨 대단한 일이 있을 거라고 이처럼 집단 망상을 일으키는 것일까? 이 모든 걸 기적처럼 이루어놓고 아이를 낳기 쉽지 않은 이상한 일이 일어났다.

탈북민들의 말에 의하면 우리나라는 지금 지상의 천국이다. 탈북민뿐만이 아니다. 외국에서도 우리의 경제 성장을 놀라워하고 우리 문화에 열광한다. 우리나라에 들어와 일하고 싶어 하고 살고 싶어 한다. 이런 대단한 나라의 대단한 불행이라니, 이런 역설도 없다.

필요한 거라면 기필코 다 만들어내는 우리에겐 이제 아이들 데리고 함께 행복해질 방법을 찾는 일만 남았다. 너무 어려운 문제인가? 우리 마음만 바꾸면 되는 일이다. 우리는 끝까지 잘난 척하려다가 어이없는 불행의 늪에 빠졌다. 계속 허영심에 휘둘릴 건지, 아이들을 구할 건지 결단을 내려야 할 일이다.

그런데 이 말도 하고 보니 공허하기 이를 데 없다. 이걸 모르는 사람이 어디 있겠는가. 마음 바꾸는 일, 그게 어려운 일인 것을. 그럼 이대로 살 수밖에 없다고? 이게 또 말이 되는가. 크는 아이들을 보며 준비되지 않은 어른 세계로 마음이 자꾸 무거워진다.

또 다른 나

요즘 워낙 더워 그런지 몸에 발진이 생기며 자꾸 가렵다. 오늘 아침에도 일어나자마자 다리 쪽으로 자꾸 손이 간다. 긁으면 더 안 좋아질 게 뻔해서 긁지 말아야지 굳게 결심을 하지만, 어느 순간 나도 모르게 온 다리가 벌겋게 되도록 박박 긁고 있다. 기어코 손을 대고 마는 내가 있다. 참 어이가 없다.

지난주에는 중국 여행을 다녀왔다. 비행기 타는 게 싫어서 되도록 짧은 시간을 고르다 보니 주로 가까운 데를 가게 된다. 이번에는 태항산이었다. 물론 패키지여행이었다. 딸 아이가 적당한 여행사를 잘 찾아줬다.

아이는 이른 아침에 공항에 데려다주면서 거기 가서 뭘 사면 절대 안 된다고 신신당부를 했다. 남편이나 나 그게 너무 당연해서 그런 걱정은 아예 하지 않아도 된다고 안심시켰다. 정말로 우리는 아무것도 살 마음이 없었다. 여태 여행 다니며 산 것들이 한 번도 유용하게 쓰인 적이 없다는 걸 우리는 뼈저리게 느끼고 있었다. 이번에야말로 우리는 우리를 믿을만하다고 여겼다.

　공항에 도착해 보니 같이 출발하는 사람이 많았다. 30여 명에 가까웠다. 학생과 젊은 사람도 있었지만 주로 우리 연배였다. 석가장공항에 도착하니 얼굴이 까무잡잡한 가이드가 팻말을 들고 기다리고 있었다. 출발은 그렇게 순조로웠다.

　일정에는 세 번의 쇼핑이 있었다. 처음 방문한 곳은 침향 파는 곳이었다. 건물이 으리으리했는데 가이드는 국가가 운영하는 곳이라는 말을 덧붙였다. 우리는 큰 객실로 안내되었다. 뇌출혈로 사람이 갑자기 쓰러지는 영상도 보여주고 방송국에서 침향 효과에 대해 방영하는 것도 보여주었다.

　침향이란 말은 많이 들어봤지만 먹어본 일은 없었다. 그런데 함께한 우리 연배들은 대부분 먹어본 경험이 있었다. 무슨 일인지 이분들은 그 자리에서 하나같이 효과를 봤다는 소리를 했다. 일행이 거짓말할 일은 없을 거라는 생각에 나는 그만 솔깃해지고 말았다. 내가 약간 관심을 보이자 직원은 득달같이 달라붙어 흥정에 들어갔다. 나중에는 다른 팀이 절대 알아서는 안 된다는 조건으로 최저가를 말해 주기도 했다. 그런데 그게 무려 백 이십만 원이었다.

　그때 나는 잠깐 우리에게 그 돈을 투자해도 되지 않을까 하는 쪽으로 기울어졌다. 남편이 옆에서 사면 안 된다며 눈치를 줬을 때 마누라 몸이 예전 같지 않다는 걸 알기나 할까 싶어 조금 얄밉기까지 했다. 그러나 다행스럽게도 너무 비싸다는 자각이 곧바로 왔다. 결국, 그걸 사지는 않았다. 나중에 밖으로 나와 버스를 타고나서야 제정신이 돌아왔다. 저 으리으리한 건물과 저 많은 직원과 여행사와 가이드 문제를 생각해 볼 때 물건값 9할의 비용이 다 보였다.

다음 쇼핑은 보이차였다. 나는 이번에야말로 나를 단연 믿었다. 한번 나를 겪은 데다가 보이차는 전에 운남성 갔을 때 사둔 게 있으니 더더욱 살 일이 아니었다. 그런데 이번에는 남편이 관심을 보였다. 주는 차를 마시며 마음이 동하는 것 같았다. 나는 집에 있다고 바로 언질을 주었다. 그 자리에서는 그렇게 간단하게 끝날 줄 알았다. 그러나 다른 사람들이 사러 나가는 걸 보더니 남편도 따라 나가서 하나를 덜렁 받는 것이었다. 큰돈이 아니긴 했다. 워낙 차를 좋아하는 사람이라 나는 못 이기는 척 그러라고 했다. 게다가 공짜로 준다는, 차 우리는 유리컵도 좋아 보였다.

하지만 거기서 끝난 게 아니었다. 판매원은 차 산 사람들을 따로 조용히 부르더니 포장 안 된 두 덩어리를 같은 값으로 주겠다고 했다. 남편은 단번에 거절했는데 나는 그예 그 제안에 넘어가고 말았다. 보이차야 두고두고 먹을 수 있으니 사도 괜찮겠다 싶었다. 그래서 이십만 원에 세 덩어리를 받았다.

그래 저래 여행을 마친 마지막 날 그렇게 아무것도 사지 않겠다던 우리는 짐을 한가득 안고 있었다. 여행용 가방에 겨우 다 집어넣을 정도였다. 버스 안에서도 뭘 팔았고, 농산물 쇼핑센터도 들르고, 가이드는 공항에 와서까지 비장(?)의 물건을 내놓기까지 했다. 아무튼, 그렇게 우리는 카드도 긁고 준비해 간 현금까지 모두 탈탈 털리고 난 뒤에야 돌아올 수 있었다.

도착하는 날 딸아이가 우리를 데리러 왔다. 아이는 우리가 타자마자 국내 뉴스에서 침향 문제가 올라왔다면서 외국에서 우리나라 사람만 침향에 관심이 많다는데 혹시 사 온 건 아닌지 물었다. 나는 살 뻔했으나 사지는 않았다고 대답할 수 있어서 좋았다.

그러면서 보이차는 샀다고 운을 뗐다. 세 개 중 하나는 가져가라고 했다. 그러자 아이는 1초의 망설임도 없이 머리를 흔들었다. 아이는 집에 도착하자마자 전부 검색을 해보고는 돈 아깝다고 생각하지 말고 전부 버리라며 단단히 다짐을 받는 것이었다. 십만 원 보이차는 시중에서 만 원에 판매된다고 했다. 나는 무척 놀랐다. 우리를 따로 부르던 그 아리따운 직원이 스쳐 지나갔다. 나는 가격에 놀랐는데 아이는 돈보다 품질을 더 걱정했다. 나는 그만 보이차가 꼴도 보기 싫어졌다. 따라온 유리컵이 무슨 죄가 있다고 그 컵마저 한동안 봐 지지 않을 것 같았다.

그러나 남 탓할 일이 아니었다. 나는 다른 누구도 아닌 내게 당한 것이었다. 그렇게 사지 않겠다고 다짐했던 내 속에, 한 번도 아니고 그렇게 때마다 나타나 이성을 휘저어 버리는 내가 있다니, 입이 쩍 벌어질 정도의 태항산 경관마저 다 까먹을 판이 되었다.

이런 일뿐만 아니다. 나이를 이렇게 먹고도 나는 나 때문에 힘들 때가 많다. 모임을 갈 때마다 말을 줄여야지, 그렇게 다짐해도 마치고 돌아올 때면 늘 내뱉은 말 때문에 몸이 스멀스멀해지곤 한다. 말을 많이 하게 되는 것도 싫지만, 대화하다가 엉뚱한 말이 나가버릴 때도 있다. 조심하려 해도 나도 모르게 그렇게 된다.

 한 번은 내 맘 같다고 믿었던 친구 행동에 섭섭한 적이 있는데 끝내 다른 친구한테 그 소리를 하고 만 적도 있다. 뭐든 어지간히 세월의 강물에 툭 던져버릴 줄도 안다고 여겼는데 그런 돌발적인 내가 나타났다. 무척 당황스러웠다. 왜 갑자기 그렇게 되었을까. 이 일은 두고두고 나 자신에게 부끄러운 일이 되었다.

 3년 전인가, 건강검진 대상자이니 전화번호, 주민등록번호, 메일주소를 적어 넣으라는 문자에 순진하게 속기도 했다. 남편이 옆에서 말리는 데도 듣지 않았다. 나는 건강보험공단에서 5년마다 한 번씩 시행하는 국민건강표본조사 대상자였는데 그 문자일 거라 철석같이 믿은 것이다. 이들이 보험회사에 대출 신청까지 하는 바람에 놀라서 결국 전화번호까지 바꾸게 되었다. 메일과 블로그는 그들이 전국적으로 광고로 이용하고는 일방적으로 삭제해 버렸다. 그 후 새 계정을 만들었는데도 내 포털계정에는 어떤 사람이 같이 있다. 이리저리 알아봐도 그 사람을 내보낼 뾰족한 방법이 없다고들 했다. 세상과 다시 연결되기는 했지만, 그 이전의 온전한 나로 돌아가기는 어려웠다.

 남 일에는 그렇게 멀쩡하게 판단되는 것이, 막상 내 일이 되면 순식간에 휘말려 버리고는 하는 나, 이런 나는 과연 어디 숨어 있다 나타나는 걸까. 나는 불시에 튀어나오는 내가 몹시 낯설고 불편하다. 한심하고 경멸스럽기까지 하다. 이런 나를 나로 받아들여야 하는 일은 몹시 곤혹스럽다.

 이 알 수 없는 나를 어찌해야 할까. 평상심의 나와 이런 일을 벌이는 나, 이 중 누가 나인가. 내게서 일어났으니 둘 다 나인가. 이 영역의 나는 나 모르게 무엇을 보고 무엇을 먹고살기에 이렇게 참을성이 없고 불안할까. 무엇이 모자라서 이렇게 가볍고 종잡을 수 없고 철이 없을까.

이제 좀 느긋해져야 하는데 불쑥불쑥 나타나는 또 다른 나를 감시하는 일이 예삿일이 아니다. 매사 조심, 또 조심할 일이다.

메주에 대한 단상

 이상 기후 때문인지 가을 늦더위가 계속되더니 이번 주 들면서 찬 바람이 불기 시작했다. 찬 바람이 불기 시작하면 올해는 메주를 얼마나 준비해야 할지 고민하게 된다. 엄마가 돌아가시고 난 뒤 형제들과 장독대에서 된장과 간장을 나누어 가지고는 나는 여태 메주를 직접 만들어 왔다.
 그런데 올해는 어쩐지 마음이 좀 흔들린다. 지금껏 그렇게 정성을 기울여도 엄마 맛이 나지 않기도 하고 요즘 같은 세상에 그냥 사 먹고 말일인가 싶기도 한 것이다. 그러면서도 막상 내 대에서 이 일이 끊길 생각을 하니 몹시 서글픈 심정이 되기도 한다. 그도 그럴 것이 나는 해마다 메주 만드는 일을 무슨 성스러운 의식처럼 해 왔다.
 우리는 그야말로 엄마의 된장으로 컸다고 해도 과언이 아니다. 뚝배기 된장은 먹어도, 먹어도 질리지 않았다. 속상한 일도, 힘든 일도 된장을 먹고 나면 위로가 되었다. 엄마는 언제나 된장으로 우리의 보이지 않는 구석까지 어루만져 주셨다. 엄마 된장은 특유의 감칠맛이 있었다. 나는 그 맛을 얻기 위해 지금까지 애써 왔다. 하지만 아쉬운 건 아직 한 번도 그 맛에 완전히 닿은 적이 없다.

직접 메주를 만들어 보니 메주 띄우는 일은 여간 까다로운 게 아니었다. 습도나 온도에 따라 아주 민감하게 반응했다. 공기 속에 무엇이 있는지 때마다 다른 곰팡이가 생겼다. 습도가 높다 싶으면 검은색 곰팡이가 붙었고 습도에다 온도까지 높으면 불그스름한 곰팡이가 붙었다. 또 습도가 높고 온도가 낮아지면 노란 곰팡이가, 기온 차가 심하면 푸른곰팡이가 붙었다. 미색이나 하얀색 유익균은 어쩌다가 햇볕과 바람과 기온의 조건이 딱 맞아떨어졌을 때 찾아왔다. 그러니 옳은 메주를 만드는 일은 내 영역이 아니라고도 할 수 있다.

아파트는 사실 메주 띄우기에는 알맞은 공간이 아니다. 날씨도 도와주어야 하지만 종일 문을 열어둘 수 없으니 통풍도 문제고 바닥에 불을 계속 넣을 수도 없으니 온기도 문제다.

무엇보다 나는 어릴 적 골방을 떠올리곤 하는데 따뜻한 아랫목과 늘 북적이던 사람의 체온과 흙먼지 묻은 이야기와 우리의 남루와 고단함이 있었다. 아파트라는 공간은 청결할지는 몰라도 그런 정서가 갖는 온도가 없다.

참으로 놀랍게도 우리 전통 메주에서 1508 균주의 메주 곰팡이를 분리했다고 하는데 나는 그 복합적인 정서적 온도에 서식하는 미생물이 따로 있어 메주 띄우는 일에 한몫한 건 아닐까 하는 생각을 해 본다. 내가 보기로 엄마는 메주에 대해 전혀 어려워하지 않으셨다. 만들어서 짚으로 묶어 그냥 매달아두는 게 전부였다. 메주는 그저 우리와 함께 따뜻한 방에서 겨울을 난 것뿐이었다.

　엄마는 순수 콩된장 외에도 풋고추와 여러 곡식을 삭혀 겨울에만 먹을 수 있는 된장을 만들기도 했고 도넛 모양의 딩기장(등겨장)메주도 만들고 입춘 즈음에는 담북장으로 우리를 행복하게 했다. 모두 그렇게 입에 달았다. 그 끈을 놓쳐 버린 가슴속으로 오랫동안 스산한 바람이 불었더랬다.

　어느 방송 다큐멘터리에서 시대의 격랑에 의해 먼 타국으로 강제 이주를 당한 고려인 후세가 콩 농사까지 직접 지으며 메주를 만드는 걸 보았다. 그렇게 띄운 메주를 우리나라로 수출한다고 했다. 생활 공간의 변화로 우리가 포기하고 있는 것을 저분들이 이어가는가 싶어 반갑기도 하고 씁쓸하기도 했다.

　잘하나, 못하나 그래도 아이들은 내 된장 맛에 매달려 있다. 옆에 있는 큰딸은 한 번씩 엄마 된장찌개를 먹지 않으면 힘이 안 난다는 말도 해준다. 어제는 사위도, 아들도 된장에 넣은 무시래기를 척척 걸쳐 먹으며 나를 흐뭇하게 했다.

　올해는 메주를 만드는 대신 콩을 삶아서 된장을 키워봐야겠다. 어찌 된 일인지 나는 아직 간단하고 편리하게 해결하는 게 체질에 안 맞다. 내년엔 또 어떤 생각이 들게 될지 모르겠다.

살면 살아서 좋고,
죽으면 죽어서 모를 일이고

　최근 너무나 빠르게 지나간 세월의 속도를 보면 앞으로 내게 남은 기간도 금방일 것 같다. 내 손으로 내 문제를 해결할 수 있을 때까지만 본다면 더 짧아질 것이다. 아닌 게 아니라 육십 중반을 넘게 되니 몸이 뻣뻣해지고 머리카락도 푸석해지고 잇몸의 힘이 약해지고 눈도 점점 메말라간다. 죽음의 혓바닥이 내 구석구석을 핥으며 살살 힘을 빼내고 있다. 땀 뻘뻘 흘리며 정상을 올랐는데 저만치 나를 거두어 가려는 거대한 짐승이 턱 버티고 있는 느낌이다.
　정신적으로도 이미 변화가 시작되고 있었다. 마음의 조직이 헐거워져 들어오는 것이 술술 빠져나가 버리고 딱히 중요한 것이 없어지다 보니 무슨 일에서건 옛날만큼 오래 갇혀 있지 않고 열을 받지도 않는다. 부질없어 보이는 것이 더 많아지고 어떤 것이 옳다는 신념도 사라지고 원칙 같은 것도 잘 서지 않는다. 어떤 말도 자신 있게 할 수 있는 게 없다.
　나이 들어 변한 게 또 있다면 이상하게도 다시 어린아이가 된 것처럼, 모든 게 원점에서 궁금해진다. 지금껏 너무나 당연하게 받아들였던 세상의 법도에 불현듯 의문이 생기고 미심쩍어지기까지 한다. 이런 걸 다 누가 정한 것이지? 왜 그래야만 하지? 수시로 내게서 질문이 터진다.

유교적 영향인지 어릴 때부터 나는 조상신을 믿으며 자랐다. 돌아가신 조상님들의 영혼이 있어서 늘 곁에서 우리를 보살피고 계실 것만 같았다. 맏며느리가 되고 나서도 1년에 몇 번이나 들어 있는 제사에 한 번도 소홀한 적이 없었다. 나물 하나를 다듬을 때도 삿된 마음이 들어올까 경계했다. 법도에 맞춰 상에 그득 음식을 차려 놓고 절을 올릴 때는 그럴 수 없이 경건해지곤 했다. 그 믿음에 문제가 생기리라고는 생각지 못했다.

불손하게도 나는 지금 그마저도 흔들리고 있다. 윗대 조상이 음식 종류를 점검하시거나 좌포우혜니, 홍동백서를 따지시지도 않을 것 같고 제삿날 시간을 지키지 않는다고, 소박하게 차린다고 화내시거나 섭섭해하시지도 않을 것 같다. 사실 여태 밥 드시러 오지도 않을 것 같다.

복잡한 제례의식이 저쪽 세상과 무슨 관련이 있을까. 육신이 죽어도 영혼은 불멸하는지 우리는 알 수가 없다. 종교적으로, 사상적으로 또는 샤머니즘적으로도 서로 말이 다르다. 다만 같은 게 하나 있다면 우리는 삶에 지독히도 중독된 나머지 오염된 삶의 언어로 저쪽 세상을 지독히 오해하고 있는 건 아닐까 싶은 것이다.

몇 년 전 아니타 무르자니의 『그리고 모든 것이 변했다』라는 책을 흥미롭게 본 적이 있는데 젊은 나이에 암에 걸려 사망

판정을 받았다가 30시간 후 다시 깨어난 이야기였다. 분명 병원에서 일어난 일이었고 현대의학도 설명할 수 없는 사례가 되었다.

그녀가 겪은 바에 의하면 삶과 죽음은 서로 맞물려 있으며 온전하게 하나로 연결되어 있고 완벽하게 어우러져 있다는 거였다. 이쪽 세상과 저쪽 세상을 구분할 일이 아니라는 걸 체험하는 동안 병도 깨끗이 나아버렸다.

그녀는 자신이 암에 걸린 건 문화적으로, 사회적으로 만들어진 조건에서 오는 두려움과 자기 사랑의 부족이 합쳐진 결과였다고 했다. 그러면서 당부했다. 자기 자신과 깊이 사랑을 나누어야 하며 우리는 생각의 상태가 아니라 존재의 상태가 되어야 한다고. 우주는 내가 준비되어 있는 만큼만 준다고.

저자의 말이 영적인 현자로서의 경험이 아닌, 한 평범한 존재로서 얻은 것이라 더욱 와닿았다. 그 어떤 말보다 나는 저자의 말에 솔깃해졌다. 딱히 종교를 가지지 않았던 그녀가 어떻게 자기도 모르게 그 문을 열어젖혔는지 알 수 없지만. 나는 깊이 동화되었고 적이 위안이 되었다. 그녀 말대로라면 죽음이라는 사건에 그리 긴장하거나 두려워할 일이 아니었다.

하지만 그 황홀한 세계가 아무한테나 열리는 건 아닐 것이다. 그곳에 닿으려면 무엇보다 욕심과 한을 잘 씻어내고 미련 같은 것도 없이 속박과 긴장에서 벗어나 완전한 춤으로 넘어가야만 가능한 일이리라. 언감생심 내게 그런 일이 일어날 리는 없다. 나도 그런 자리까지 바라지는 않는다. 그냥 저쪽으로 가서까지 이곳을 연연하는 일은 없었으면 한다.

사는 동안 욕도 덜 먹고 짐도 제대로 정리하고 빚도 덜 지고 가야 할 일이다. 이 일도 쉬운 일은 아니다. 하루 일을 끝내고 칠흑 같은 밤의 욕조에 몸을 담그면 그날 뱉었던 말이나 행동이 때처럼 일어난다. 하물며 내가 내 속에 갇혀 뭘 잘못하는지 모르고 있는 것도 얼마나 많을 것인가. 그래서 요즘같이 거리두기를 하게 되는 상황이 도리어 좋은 면이 있다. 내뱉은 말이 적어지니 훨씬 홀가분하다. 꽃이나 보고 나무나 사랑하며 사는 이 시간이 존재의 상태이자, 나를 깊이 사랑하는 시간이자 실수를 덜 하는 시간이다.

짐도 문제다. 자질구레한 게 너무 많다. 죽을 때까지 제대로 정리가 될까 싶다. 철 따라 나오는 걸 아깝다고 버리지 못 하니 냉장고도 늘 과부하 상태다. 오늘 살 줄만 알고, 내일 죽을 줄 모르고 이러고 있다.

잠들기 전 고요한 마음의 들녘에 지난날 빚진 것들도 밀려온다. 부모님이 떠오르기도 하고 형제가 떠오르기도 하고 어릴 적 풍경이, 친구들이 떠오르기도 한다. 그러나 지난 일은 갚을 길이 없다. 행여 앞으로 내가 받은 만큼 챙기지 못할까 봐, 금전적으로도 놓치는 게 있을까 봐 신경이 쓰인다.

한여름이 되면서 풀숲이 된 밭에 매미가 옷을 벗어 놓고 갔다. 뱀이 벗어 놓고 간 옷도 보았다. 이들은 이전 삶의 옷을 잘 벗지 못하면 죽는다고 한다. 이 허물을 보면서 잘 죽는 것이야말로 진짜로 사는 것인가 싶기도 하고 더 큰 성장을 위해 죽음도 단지 한 꺼풀 옷을 벗어 던지는 일은 아닐까 하는 생각을 해 본다.

나는 가끔 살아있음이 단지 몸과 마음의 끝없는 요구이고 반복이라면 그걸 그만둔다고 크게 아쉬울 문제는 아니지 않은가, 한다. 나이가 들어 어느 정도 책임과 의무에서 벗어나고 나면 살면 살아서 좋고 죽으면 죽어서 모를 일이다.

얼마 전 한 방송에서 죽음의 자기 결정권을 다룬 다큐멘터리를 보게 되었는데 자기 결정권이라고는 하지만 공식적으로 인정받는다는 점에서 자살하고는 다른 개념이었다. 늘그막에 의미 없는 삶을 요양병원이나 요양원에서 마감하게 되지는 않을지 신경이 쓰이고, 또한 죽는다는 사실보다 병마로 인해 고통을 겪는 일이 훨씬 두려운 일인데 내가 내 삶을, 결국에는 내 죽음을 결정할 수 있다면 좋겠다.

먼 나라 스위스에서는 이미 조력 사망을 법적으로 허용하고 있었다. 그곳을 찾는 사람은 나름대로 다 그만한 이유가 있었고 나로서는 충분히 공감되는 일이었다. 그런 상황이 되면 나도 그런 선택을 할 것 같았다. 우리나라에서는 이에 관한 법이 지금 국회에서 계류 중이라고 한다. 이번에 통과될 것 같지는 않았다. 그러나 놀라운 건 많은 사람이 이 일에 찬성하고 있다는 점이었다. 언제인지 몰라도 이 법이 통과될 수도 있겠다는 희망에 나는 마음이 한결 가벼워졌다.

늦기 전에 사전연명의료전향서도 등록하고 장기 기증 신청도 해야 하는데 마음만 뻔한 채 자꾸 세월이 간다. 내 몸은 화장해서 어느 나무에 거름이 되면 족하다. 그냥 아무 나무라도 상관없다. 가루를 묻다가 바람에 날아가 버리는 것도 괜찮다. 격식이나 형식은 아무것도 중요하지 않다. 그런 건 다 산 사람이 지어낸 생각이고 집착이다. 공식적으로 만든 공원이나 사찰에서 돈벌이로 하는 수목장에 가길 원하지 않는다. 죽어서도 내 영혼이 남아있을지 의문이지만 남아 있다 해도 거기 낯선 사람들과 같이 있고 싶지도 않다. 사실 뼛가루 있는 곳에 영혼이 있을 거라는 생각도 우스운 일이다.

우리 각자의 브레이크를 생각하며

돌아다보니 세상이 참 빨리도 변해왔다. 우리 나이 세대는 냇가에서 빨래하고 우물에서 물 길어 먹던 시절에서 지금의 시대를 맞이하였고 몇 년 전 돌아가신 엄마는 짚신을 신고 옷을 직접 지어 입던 시절에서 오늘날의 윤택함을 맛보고 가신 셈이다. 엄마는 이 좋은 세상, 한 십 년만 젊었다면 얼마나 좋을까, 라는 말씀을 자주 하셨는데 살아생전 전쟁, 역병, 배고픔 등 온갖 수난의 경험을 오롯이 가지고 계셨으니 더욱 그런 마음이 드셨을 것이다.

지금 우리는 공상과학이라고 여겼던 것들이 속속 현실이 되는 세상을 사는 중이다. '욕망이라는 이름의 전차'는 멈추는 법 없이 지금도 계속 새로운 세상을 향해 달리고 있다. 생활의 많은 부분을 스마트 폰 하나로 해결하고 있는 일이야 새삼스러울 것도 없어서 이야깃거리도 되지 못한다. 모든 분야에서 인간 대신 인공지능으로 급속하게 대체되고 있고 클라우드를 통해 각종 서비스가 이루어지고 사물인터넷으로 기계가 인간의 개

입 없이 서로 지능적인 관계를 형성하고 곧 3D 프린터로 필요한 물건을 직접 출력하게 되는 시대가 된다고 한다.

하루가 다르게 변하고 있는 지금의 생활에 후진은 있을 수가 없다. 각자가 정보 제공자이면서 소비자인 우리는 우리에게서 나온 정보들을 축적하고 그것을 공유하면서 신한테 의지하는 것보다 훨씬 실질적인 것을 얻고 있다. 그래서 몰라서 막연하게 두려웠던 것들에서 벗어나게 되었고 모든 것을 훨씬 효율적으로 처리하며 놀랄 만큼 편리한 세상에 살게 되었다. 머지않아 센서와 컴퓨터를 장착한 스마트 완장으로 건강을 관리하게 되고 목걸이 내비게이션도 나올 거라 하고 우리가 받아들이기만 한다면 유전자 카탈로그로 맞춤 아기를 만드는 것도 더는 영화나 소설 속의 이야기가 아니다. 유전암호를 고치고 뇌 회로를 조작하고 생화학물질 등을 통해 수명을 연장하고 노화를 막고 종내에는 불멸을 꿈꾸고 있기도 하다.

게다가 우리의 뇌와 인간의 능력을 뛰어넘는 컴퓨터와의 연결을 시도하고 있다니 언제일지 모르지만 우리보다 우리를 더 잘 알고 있는 알고리즘에 모든 결정을 맡겨야 할 날이 오고야 말지도 모른다. 뇌과학분야도 하루가 다르게 발전하여 이젠 우리 감정마저도 인위적으로 조정이나 조작을 할 수 있다는 걸 밝혀냈다. 올더스 헉슬리가 2540년에 도착할 거라고 보여준 '멋진 신세계'가 바로 코앞에 다가와 있다는 느낌이 든다.

'호모 사피엔스'로서의 인류가 '인지 혁명','농업혁명','과학혁명' 3가지 대변혁을 통하여 전 지구를 지배할 수 있는 기틀을 마련하고 상상의 가치와 질서를 만들어내어 함께 협동할 수 있는 존재로 부상했다면 신인류는 이제 스스로 신의 자리에 앉으려 하고 있다. 유발 하라리의 『호모데우스』에서 말하는 것처럼 그토록 오랫동안 의지했던 절대적 신을 물리치고 과학을 통해 인간의 경험만이 우주에 의미를 부여한다는 인본주의 종교를 탄생시켰다.

그런데 저자는 이 인본주의 역시 전통적인 종교처럼 퍼지고 진화하면서 여러 분파로 쪼개지고 각자 바라보는 각도에 따라, 이해관계에 따라 역사상 가장 치명적인 종교전쟁이 타올랐다고 진단한다. 그는 말한다. 우리는 이 진보의 열차에서 좌석을 얻을 수밖에 없으며 앞으로 좌석을 얻은 자와 얻지 못하는 자의 차이는 천양지차일 것이라고.

그에 의하면 요즘 우리에게 의미 있는 일은 수십 년 안에 무너질 수 있다고 한다. 하긴 이런 속도이면 우리가 감당할 수 있는 선을 넘어서는 것도 시간문제가 아닌가 싶다. 이러다가 헉슬리의 상상처럼 어느 날 정말 우리가 무엇이 잘못되었는가를 분석해 볼 능력마저 잃어버리지는 않을지 모르겠다.

그렇다고 이 변화의 속도에서 우리가 갑자기 정신을 차려 내리고 싶다고 해서 내릴 수 있는 것도 아니라지 않은가. 복잡하고 다양하게 진행되고 있는 이 흐름의 브레이크가 어디 있는지 아무도 모르고, 설령 찾을 수 있다 해도 서서히 안착할 수 있는 게 아니라 추락해서 산산조각이 날 것이라고 하니 빠져나와 어디로 도망갈 수도 없는 일이다.

결국, 우리에게 질문이 남는다. 그러면 우리는 앞으로 어떻게 대처해야 할까? 대처할 수는 있을까? 무엇보다 당장 걱정인 것은 우리가 잃게 될 일자리이다. 곧 '우리를 유혹할 엄청나게 유용한 장치들, 도구들, 구조들의 홍수 앞에서' 우리는 어떻게 해야 할까? 앞으로 일하지 않는 거대한 규모의 새로운 계급이 탄생할 거라는 말에 심란하지 않을 사람이 없을 것이다.

 인간은 이제 기계가 할 수 없는 것이 무엇일까 고민해야 할 형편이다. 지금 당장 취업하는 것도 힘들지만 앞으로 내로라하는 직업의 반이 없어질 것이라니 어렵게 취업을 한다 한들 그게 언제까지 갈지 보장도 없는 일이다. 우리보다 더 나은 세상을 살기를 바랐던 자식 세대들이 오히려 더 불안한 미래를 앞둔 상황이 됐다. 가끔 아이들에게 살아보니 별것도 없더라고 너무 억척스레 살지 말라는 말을 하곤 하는데 사실 이제는 그렇게 억척스레 살 일이 없어서 슬픈 시대가 된 건지도 모른다.

 근래 가장 심각하게 여겨지고 있는 저출산 문제도 어찌 보면 이런 환경에 대한 자연선택이 아닌가 싶기도 하다. 세태가 점점 개인주의로 흐르고 경제적 자립이 갈수록 어려워지는 점도 있겠지만 미래를 내다보면 아이를 많이 낳을 일이 아니라는 생각이 절로 든다.

 그런 데다 운전대는 대부분 자본에 맡겨져 있고 기술은 계속 자본에 아부하고 또한 '정부라는 거북이는 기술이라는 토끼를 따라잡지 못하고 있다.'지 않는가. 이렇게 되면 앞으로 기존 산업들도 급격하게 재편될 것이고 자본 쏠림도 심해지고 따라서 양극화 현상이나 불평등 문제가 더 심화할 것이 눈에 불을 보듯 뻔하다.

 더딜지언정 정부가 뒤따라가며 각종 규제도 만들고 소득이나 자본이 쏠리는 쪽으로 과세를 많이 하여야 할 일이다. 그래서인지 이제 인공지능에도 세금을 매겨야 할지도 모른다는 이야기가 나온다. 그렇게 해서 가진 것 없고 일자리가 없는 쪽의 기본소득을 보장해 주는 등 대응을 해나가야 할 텐데 그에 대한 사회적 합의가 말처럼 쉬울지는 알 수 없다.

그런데 설령 그게 가능하다고 해도 문제는 남는다. 아무리 뛰어난 세상에 있다 하더라도 우리의 생체학적 시스템은 구석기 시대의 그것과 조금도 다를 바가 없다고 하지 않는가. 아무리 먹고 살 만큼 정부가 보장해 준다고 해서 인간은 그것으로 행복할까? 사람은 어떤 일을 하지 않으면 미친다는 말에 전적으로 공감한다. 움직여야 밥맛이 생기고 일이 주어질 때 우리는 존재의 가치를 느낀다. 그래서인지 가만 보면 뇌는 수시로 강력한 환상으로 어떤 일을 꾸미려 든다. 세월이 한참 지나고서야 그런 뇌 작동에 한바탕 휘둘렸다는 걸 알게 되는데 뇌는 본능적으로 그렇게 해서라도 살아갈 이유를 찾으려 한다.

초지능을 만들어가는 일은 또한 우리가 기억력, 계산력, 지각력, 집중력 등의 능력을 점점 잃게 하는 일이기도 하다. 한때 내가 아는 사람의 전화번호를 거의 외우고 있었던 나는 이제 내 전화번호 정도 겨우 외우고 있다. 운전하는 일도 내비게이션이 나오고부터는 아무 생각 없이 그냥 주소만 찍고 출발한다. 몇 사람의 뛰어난 기술로 대다수 사람이 머리를 쓸 일이 없어진다는 것도 멋진 신세계 제국에서 벌어지는 일과 그대로 맞아떨어진다.

아, 그리고 모든 일거리를 내준 그 자리에 턱 하니 들어앉는

외로움은 또 어찌할 것인가. 집안일만 해도 옛 장정 60여 명의 일거리를 기계에 맡긴 격이라고 하는데 현대인은 그렇게 남은 시간을 외로움이라는 괴물과 싸우고 있다고 해도 과언이 아니다.

유기체와 비유기체의 결합으로 상상할 수 없는 알고리즘이 만들어지고 구글의 생명 연장 프로젝트로 설령 500년을 살게 된다고 해도 그걸 축복이라고 생각할 사람이 얼마나 될까? 나는 전혀 반갑지가 않다. 그냥 자연의 품속에서 자연의 손길이 정해주는 대로 가기를 원한다. 오래 살아남아 새로운 세상을 조금 더 보고 감각의 욕구에 더 부응하고 사는 일에 고민을 더 해본다고 한들 그게 무슨 큰 의미가 있는가. 앞으로 우리의 목표는 불멸, 행복, 신성이 될 것이라고 하지만 저자도 이야기한다. 노화와 죽음을 극복하는 것보다 행복을 획득하기가 쉽지 않을 거라고. 그래서 헉슬리는 인위적으로 '소마'를 준비했겠지만 말이다.

우리가 우리를 위해서 벌이는 일이 결국 우리를 위협하는 이런 아이러니라니! 우리가 바라는 최고의 지점은 역설적으로 가장 비참해지는 지점인지도 모른다. 그 어떤 것도 일방적으로 주어지는 것은 없어서 우리가 마냥 성취를 향해 나아가는 것 같지만 얻는 만큼 다른 것을 잃는 일에 지나지 않는다.

그런데 아무리 생각해봐도 앞으로 다가오는 문제 역시 해결할 존재는 우리밖에 없다. 세상 곳곳에서 일어나는 일을 보면 우리가 우리를 감당하는 일이 참 보통 일이 아니구나 싶지만 그럼에도 우리는 우리를 믿어볼 수밖에 없다.

그래도 우리는 공감 능력이 특별하고 역사를 걱정할 줄 알고 후손들에게 더 나은 미래를 물려주는 일에 고민도 할 줄 안다. 아무려면 우리가 막무가내로 우리를 '멋진 신세계'로 데려가지는 않을 것이다. 유발 하라리 말대로 대응할 시간이 그리 많이 남아 있지 않은 게 문제긴 하지만 말이다.

분명 저세상이 두렵다면 다른 답은 없다. 우리를 태우고 갈 기관사가 누구인지 두 눈을 부릅떠야 하고 그가 무슨 생각을 하고 있는지 잘 지켜보며 목소리를 내야 한다. 우환으로 살고 안락으로 죽는다는 말이 있듯이 인간다운 삶을 위하여 우리는 약간의 갈등과 결핍을 최후의 보루로 남겨두어야 한다.

철학 없는 종교가 마약처럼 위험한 것처럼 '데이터교'도 마찬가지라고 생각한다. 모든 일이 완벽하게 이루어지는 세상이 오지 않도록 우리는 어느 정도 통솔 불가능한 '불량 칩'이 돼야 한다. 우리는 때때로 고통을 원하고 불행할 권리를 원하고 시를 원하고 진정한 위험과 자유를 원한다고 외쳐야 한다. 뭐든지 척척 다 이루어지는 세상이 싫다고 어느 날 촛불집회를 해야 할지도 모른다.

농부철학자 '피에르 라비'는 자발적 소박함을 향한 작은 실천 하나가 세상의 희망이 될 수 있다고 말한다. 요즘 같은 세상에 누가 이런 소리에 귀를 기울이겠는가마는 나는 이것이야말로 우리가 각자 가지고 있는 브레이크가 아닐까 하는 생각을 해 본다. 각자 자기 자리에서 정신없이 내닫는 이 속도를 적당히 저지하는 것이 이 시대가 우리에게 요구하는 지혜가 아닐까 싶다.

태산처럼 짊어지고 사는 이 마음도 한낱 생화학적 알고리즘일 뿐, 단일한 자아의 실체도 아니라지 않은가. 우리가 세상에 온 것은 행복하기 위해서이고 그 행복은 타인과의 비교에서 오는 게 아니라 내게서 샘물처럼 올라오는 것, 그 샘물에 집중할 일이다.

 우리가 아무리 못 이룰 게 없고, 해결하지 못할 게 없을 것처럼 도취하여 살아간다 해도 자연 앞에서 우리는 한없이 나약한 존재이다. 우리가 아무리 날고 기는 존재라 하더라도 우리에게는 풀 이파리 하나도, 동물 몸을 구성하는 눈곱만큼의 단백질도 만들어낼 능력이 없다. 결국은 자연이 우리의 운명을 쥐고 있다. 우쭐거릴 일이 아니다.

인간이 인간적으로 살아갈 수 있는 마지막 희망

사는 게 늘 그날이 그날 같은데 작년과 비교해도 우리 집의 생활환경은 또 달라졌다. 그간 시청하고 있던 케이블방송 계약이 끝나 딴 방송으로 갈아타자 인공지능 플랫폼이 따라왔다. 이제 겨우 30개월 된 손녀는 거기다 대고 "**야, 핑크퐁 들려줘, **야, 공룡노래 틀어줘." 하면서 자기가 듣고 싶은 동요를 직접 부탁하여 들으며 논다.

나는 나대로 갑자기 바꾸게 된 차에 아직 적응이 잘 안 되고 있다. 타고 다니던 차를 막내가 가져가는 바람에 할 수 없이 새로 차를 장만했는데 그새 모든 기능이 스마트화되어 반년이나 돼 가는 지금도 내가 무슨 기능을 제대로 사용하지 못하고 있는지조차도 모른다.

방 한쪽에는 아이들이 의류 관리기를 들여놓아 더는 옷을 다리지 않게 되었고 아이들 손목에는 스마트워치가 보인다. 엄마한테는 심박수 체크, 수면 코칭 기능에다 위급상황 시 119 호출기능이 있는 걸 사 주겠다고 한다. 어쩌면 생일에 불쑥 내밀지도 모른다.

　나는 눈이 나빠지는 것만큼 핸드폰 안의 세상 속으로 점점 빠져들고 있다. 종이책은 날씨가 좋은 날 한 시간 정도밖에 읽을 수가 없다. 안구건조증이 심해 이내 눈이 퍽퍽해지고 이물감이 느껴진다. 눈이 안 좋으니 집중력도 떨어져 같은 문장을 몇 번이나 읽어야 할 때도 있다.

　이런 나에게 동영상의 폭발적인 세계는 여간 희한한 공간이 아니다. 언제부턴가 내 시간은 허술하게 비는 틈이 없다. 반찬한다고 뭘 다듬을 때 유명한 학자의 강연 하나를 끝내기도 하고 잠자리에 들 때면 늘 1시간 정도의 인문학 콘텐츠를 찾는다. 설거지할 때도 핸드폰부터 찾는다. 그 시간에 맞는 걸 하나 들으면 일이 금방 끝나는 기분이다. 어떨 땐 욕실에 들어갈 때도 들고 들어갈 때가 있다. 비누칠하거나 잠시 욕조에 앉아 있는 그 시간마저 그냥 보내기 아까운 것이다. 이 정도면 중독이다. 물론 나는 영상을 눈으로 보는 일은 진작부터 그만두었다. 그냥 듣는 것만으로도 대만족이다.

　문명의 기기에 나보다 더 서툴던 남편도 퇴직하고부터는 핸드폰을 끼고 산다. 어떨 땐 이어폰으로 종일 스님 법문을 듣고 있다. 전에는 가끔 선원을 찾기도 했는데 관련 영상이 다 올라오다 보니 어느 날부터 굳이 현장에 가지 않아도 되겠다고 한다.

　동영상 세계는 우리가 원하는 모든 걸 담고 있고 세대와 상관없이 우리는 여기에 탐닉한다. 거의 마법 같은 세상이다. 세상 모든 분야의 사람들이 유튜버로 활동하고 있으니 굳이 대학을 다닐 필요도 없지 않나 싶다. 참으로 매력적인 건 누구라도 자기의 장기를 타인과 쉽게 나눌 수 있다는 점이다. 세계를 무대로 소통의 장이 완전히 열린 것이다. 그러면서 세상 모든 사람을 평준화시키고 있기도 하다.

그뿐만 아니라 우리 생활에 필요한 거의 모든 것이 앱을 통하여 다 개발되어 있다. 한번은 내가 속해 있는 모임의 회칙을 다시 문서화 해서 옮겨야 했는데 문서를 변환할 수 있다는 소리를 듣고 검색을 해봤더니 아주 쉽게 해결할 수 있었다. 스마트폰 속에 현대판 알라딘 요술램프가 들어앉아 있다 해도 과언이 아니다.

디지털 환경은 코로나 시대에도 정말 유용했다. 정부는 상황을 전 국민에게 실시간으로 전달하고 국민은 온라인 백신 예약으로 혼선 없이 빠르게 접종받았다. 서로 비대면으로 소통하고 재택근무를 하고 각자 자기에게 맞는 공간을 찾아 그 무력한 시간을 나름대로 잘 견뎌낼 수 있었다.

이제는 슈퍼컴퓨터 시대를 넘어 양자 컴퓨터 시대가 오고, 앞으로 멀지 않은 시기에 또 한 번 대혁명이 일어날 것이라고 한다. 양자역학의 원리를 이용하는 양자 컴퓨터는 슈퍼컴퓨터가 150년 만에 계산할 것을 무려 4분 만에 해결할 수 있단다. 이와 관련된 기업이 부상하고 있는 모양이지만 나로서는 더는 이해할 수 있는 게 아니다. 그냥 그런가 보다, 한다.

그런데 스티브 잡스가 몰고 온 문명 혁신만큼이나 큰 변화를 가져오게 될 또 한 번의 쓰나미는 요즘 흔히 듣게 되는 '메타버스' 세계다. 앞으로는 스마트폰을 귀찮게 들고 다니는 게 아니라, 안경처럼 눈에 착용하여 눈으로 보는 정보가 알고리즘을 통해 가상 세상과 그대로 연결될 거라고 한다. 가짜 세상을 만들어 놓고 그 안에서 집도 짓고 공연도 하고 물건도 팔고 작품 전시도 하는 등 현실 세계 이상의 세상이 열리는 일이란다. 세계적으로 시가 총액 10위 기업 대부분이 여기 매달렸다고 하니 현실로 다가오는 건 시간문제로 보인다.

그러면 이 세계는 또 우리를 어떻게 바꿀까? 이쯤 되면 이제 우리의 뇌가 증강현실이나 가상현실을 현실 세계와 잘 구분할 수 있을지 걱정해야 하는 건 아닌지 모르겠다. 그래도 한 대 맞으면 아픈 걸 느끼는 몸이 있어 정신을 차리고 돌아올 수 있을까?

'방송대 지식+' 채널에 나온 장동선 박사는 인간의 행복조건으로 자유 의지로 선택할 수 있는 자율성, 스스로 자신의 행동을 결정하여 얻는 성취감, 그리고 누군가와 연결되어 인정받고 존중받는 걸 꼽았다. 인간이 가상세계에 매료되는 건, 이 조건이 잘 갖추어져 있기 때문이라고 한다. 글이 여기에서 밀리는 건 어쩔 수 없는 일이다. 언젠가, 이제 글은 글 쓰는 사람들 자기들끼리 읽는 것이라는 말을 듣고는 씁쓸하게 웃었던 기억이 난다. 모르긴 몰라도 출판되는 많은 책이 제대로 읽히지도 못하고 어느 구석에 처박혀 있거나 쓰레기로 처분되고 있을 것이다. 대세는 거스를 수 없음을 느끼지 않을 수 없다.

오늘도 거실 한 벽면을 차지하고 있는 책을 본다. 아이들에게 읽히고 싶어서 사 둔 책들이 아이들에게 넘어갈 일은 없을 것 같다. 각자 자기 자리에서 주어진 일에 녹초가 돼 있기도 하지만 오래전부터 아이들이 종이책 드는 걸 본 적이 없다.

어떨 땐 무슨 생각으로 사는지 싶어 한 번씩 왔다 가는 아이들에게 어떤 의제들을 슬쩍 던져볼 때가 있다. 그러면 의외로 명료한 시각으로 척척 말하는 걸 보고 속으로 좀 놀란다. 어떤 식으로든 보고 배우고 느끼면서 나름대로 자기 철학을 구축해 가는 모양이다.

그럼에도 이 편리한 세상에 길든 아이들을 보면 불안하고 불편한 마음이 드는 건 사실이다. 우리 세대는 그래도 대부분 자연 속에서 자랐고, 기본적으로 몸 고생한 걸 자산으로 가지고 있고, 여전히 책을 보물단지처럼 끼고 살면서 이 세계에 발을 담그고 있지만 아이들 세대는 그렇지 않다. 그래서인지 정신 무늬가 확실히 우리와 다르다. 오늘날, 이 시점에서 출발하고 있는 손녀 세대는 또 어떻게 될까?

나는 그래도 우리가 완전히 바뀌지는 않을 것이란 쪽이다. 아무리 첨단 사회라 해도 여전히 우리는 먹고 배설하고 고민하고 아파하고 사랑하면서 산다. 우리가 아무리 멋진 가상세계를 구현한다고 해도 몸이 요구하는 건 기본적으로 현실 세계에서 해결해야 한다. 세상이 천지개벽한다 해도 그건 변할 수 없다.

우리에게 몸이 있는 한, 몸에 복종하지 않을 수 없다. 몸의 지시와 조종에 마음은 따를 수밖에 없다. 몸이 있어 철들고 부질없는 것들에 눈을 뜨게 된다. 성찰은 마음에서보다 몸에서 시작하는 건지도 모른다. 숨을 쉬고 피가 도는 순간순간의 생명의 힘을 가진 몸을 믿어볼 일, 이 점이야말로 인간이 인간적으로 살아갈 수 있는 마지막 희망이 아닌가 싶다.

그렇고 그런 일

오래전 기억이 떠오른다. 초등학교 때였다. 학교를 마치고 집으로 돌아가는 길이었는데 그날은 날씨가 무척 더웠다. 더운 만큼 들판에는 사람이라고는 보이지 않았다. 그런데 저만치 우리 논에서만은 엄마가 보였다. 그 뙤약볕 아래 피를 뽑고 계셨다.

일을 겁내지도 않았지만, 햇볕을 겁내지도 않았다. 그 일을 그날만 한 것도 아닐 테고, 또 그 일만 한 것도 아닐 터이니 엄마는 늘 다른 어른들보다 얼굴이 까맣게 그을려 있었다. 체구도 자그마한 엄마는 어떤 일에도 몸 아끼는 법 없이 장골 일에 맞먹는 농사일을 척척 해냈다. 정말 미련할 정도로 일을 많이 하셨다. 동네 사람들은 이런 엄마를 보고 '돌띠이'가 아니라 쇠띠이'라고 했다.

농사일뿐만이 아니었다. 한창 북적거릴 때는 아침 도시락을 6개나 싸야 할 때도 있었다. 간혹 집안 행사라도 있을 땐 2, 3일 잠을 자지 않는 것으로 해결했다. 낮에 그렇게 들일을 하고도 자다가 깨 보면 밤이면 밤대로 늘 무슨 일인가를 하고 계셨다. 그래서 철부지 어린 나는 엄마라는 사람은 원래 잠을 자지 않아도 되는 줄 알았다. 당신의 애살로 우리 집안이 그나마 푸르러지고 있었다는 사실을 내가 알 턱이 없었다.

엄마를 떠올려 보면 삶에 의심이 없으셨다. 날마다 일거리들에 싸여 그저 열심히 사는 것이 선이라는 것 외에는 조금의 회의나 갈등이나 계산이 없었다. 믿을 거라고는 그저 당신 몸 밖에 없었는데 그 밑천만을 가지고도 신세를 한탄하거나 얼굴이 어두운 적이 없었다.

그런 와중에 엄마는 내게 정말 특별한 감정을 일찌감치 가르쳤다. 10살쯤 된 나에게 먼 밭에서 일하시는 할머니에게 수박 반쪽을 갖다 드리라고 하던 일은 끝까지 내게 뜨겁게 남았다. 그 할머니는 우리가 아는 분이 아니었다. 나는 그 심부름이 너무 좋았다. 그건 정말 강렬한 느낌이었다. 그런 경험 때문이었는지 나는 크고 나서도 늘 남에게 미친 듯이 잘하고 싶었다. 어른이 되어서도 좋은 게 있으면 남이 먼저 떠오르고 늘 누구를 불러 밥 먹는 걸 좋아했다. 내가 생각해도 좀 과한 게 아닌가 싶어 조심하려 해도 잘되지 않았다. 그게 내게는 살맛이었다.

엄마는 신명도 많고 여유도 잃지 않았는데 곧잘 노래를 흥얼거리시고 동네 모임이라도 있을라치면 빠지는 법이 없었다. 한번은 우리 또래가 노는 방에 군복 비슷한 복장을 하고 나타나 우리를 놀라게 하기도 했다. 낮에 일한 걸 생각하면 녹초가 될 법도 한데 아이들을 위해 기꺼이 연극배우 노릇도 하신 것이다.

뿐만이 아니다. 자식들이 친구들을 데려오기라도 하는 날이면 한 번도 귀찮아하지 않고 그 야밤에 찹쌀을 쪄서, 팥을 삶아서 즉석 찹쌀떡을 만들어주셨다. 찹쌀을 금방 쪄서 절구통에 콩콩 찧어 만들어 준, 쫀득쫀득한 질감의 맛을 지금도 잊을 수가 없다. 아는 언니들이랑 크리스마스 때 불우이웃돕기 행사를 할 때도 엄마에게 찹쌀떡을 부탁했는데 한 마디 지청구가 없었다. 자식이 다섯이나 되는데 다섯 자식 말을 그렇게 다 들어주었을 것이다.

그러면서도 당신이 뭘 안다는 식으로 우리를 훈계하거나 꾸짖어 본 적도 없다. 엄마는 언제나 '나는 모르고'일 때가 많았다. 뭘 의논할 일이 있으면 늘 "나는 모른다. 너거가 잘 알지," 하셨다. 한 번씩 자매들끼리 모이면 그런 엄마 말을 흉내 내며 배꼽을 잡고 깔깔거리곤 했다. 아무것도 아는 게 없다는 그 무던하고 걸릴 것 없는 마음의 자세야말로 출발한 적도 없이 완전한 공부에 도착하신 게 아닌가 싶다. 지금에야 그런 생각이 든다.

엄마는 돌아가시기 전까지 근골격계 쪽으로 몸이 많이 안 좋았다. 특히 논에서 피 뽑는 모습 그대로 몸이 변형되어 통증을 많이 느끼셨다. 길을 걷다가 주저앉기도 하고 어느 날부터 허리 보호대를 해야 하는 상황을 맞이했다. 그러다가 연세가 더 들고 기력이 약해지자 요양병원에 입원했다가 퇴원하기를 반복했다. 그러던 어느 날 병원에서 진통제 외에는 답이 없다는 의사의 진단이 내려지고 계속 요양병원 신세를 져야 하는 쪽으로 급격히 기울어졌다. 독한 약을 많이 드셔서인지 정신도 서서히 무너지고 있었다.

 엄마를 다시 요양병원으로 모시던 날을 잊을 수가 없다. 평생 자식들만 보고 살아왔는데, 요양병원에서 돌아가시게 해야 하는 뼈저린 사실 앞에 서고 말았다. 냄비엔 명탯국이 남아 있었고 냉장고엔 갖가지 밑반찬과 양념들이 빼곡히 들어차 있었다. 이제 살아서는 돌아오지 못할 집이었다. 목울대가 다 아파 왔다. 병원갈 때 입을 옷 한 벌을 골랐다. 좋은 옷도 필요 없었다. 신발도 마찬가지였다. 아무거나 한 켤레면 족했다.

 요양병원은 어디든 시설이 좋았다. 환자를 유치하기 위해 최선으로 노력하고 있었다. 그런데도 분위기는 전혀 인간적으로 보이지 않았다. 정말 이해가 되지 않는 것은 거기 있는 환자들이 그렇게 심해 보이지 않았다는 것이다. 어째서 통증도 없어 보이고 심지어는 마음대로 다닐 수 있는 사람들까지 그 비인간적 공간에 갇혀 있는지 알 수가 없었다.

 그러나 나는 곧 알아차렸다. 세상이 너무나 변한 것이었다. 상태의 심각 정도를 떠나 어쨌거나 근접간호를 해야 하는 상황에서 바쁘고 핑계가 많은 현대인이 부모 수발을 돈으로 해결하고 있는 것이었다. 전국 어디를 가나 요양병원이 셀 수도 없이 많다는 건 누구랄 것도 없이 부모를 이런 식으로 해결하고 있다는 증거 아니겠는가. 어느 집이라고 소설 같은 일생을 보낸 부모 없으랴. 빽빽이 들어차 있는 저 간판들은 지난날 가족을 위해 온몸을 바친 부모들이 속절없이 도착하는 서늘한 죽음 대기 장소인 것이다. 복지라는 이름으로 한쪽에선 돈벌이가 되고 한쪽에선 돈으로 편해지는 것이 서로 맞아떨어지고 있는 일이다. 물론 다들 피치 못할 사정이 있고, 부모를 맡기고 나보다 더 마음 아픈 사람도 많겠지만 우리는 분명 이러한 현실을 '합리적인 세상'으로 여기며 살고 있다.

 엄마를 요양병원에 모셔다 놓고 다시 집 청소를 하러 들렀다가 나는 저 밑바닥에서 올라오는 슬픔에 눈이 퉁퉁 붓도록 울었다. 소쿠리며 고무통이며 갖가지 그릇들, 심지어 엄마가 쓰던 비누까지 나를 아프게 했다. 자식들이 들렀다 떠날 때면 사라질 때까지 바라보시곤 하던 옥상도 올라가 보았다. 장독대도 눈에 들어왔다. 된장과 간장, 소금이 가득 담긴 커다란 단지들이 주인을 잃었다. 농 안에는 돌아가실 때 입을 옷이 들어 있었다.

 대충 뒷정리를 끝낸 집은 적막에 싸였다. 시시때때로 엄마와 놀았던 텃밭의 남새들이, 감나무며 매실나무 두릅나무, 수돗가의 모란이, 엄마를 놓치고 꺽꺽 속울음을 토하고 있었다. 이들은 이제 어떻게 될까? 이들의 설움이 적막보다 더 두껍게 차오르고 있었다. 자식보다 더 자식 같은 존재들이었다. 자식보다 더 엄마를 잘 아는 존재들이었다. 마루에 앉아 한 번씩 덜컥 내려앉는 허망함으로 "저 감나무가, 저 두릅이 내 죽는다고 알까?" 중얼거리시던 모습이 떠올랐다.

 살면서 찬바람처럼 아프게 설핏설핏 스치는 게 있어 하늘을 올려다볼 때가 있다. 나는 늘 내가 붙잡고 있는 의미만큼이나 무의미에 휩싸이곤 했다. 그래서? 그래서? 하고 답을 따라가다 보면 종내에는 아무것도 내놓을 게 없었다. 밀란 쿤데라의 책 제목처럼 이 모든 일이, 실은 '무의미의 축제'처럼 여겨졌다.

엄마가 돌아가시는 과정에서 우리 가족은 서서히 무너져 갔다. 돌아가신 자리에서 각자 억울한 게 있었고 각자 자기 계산이 있었고 각자 자기 섭섭함에 매몰되어 있었다. 거기에 엄마의 노고는 없었다. 형제끼리 모여 마지막으로 엄마의 한평생을 이야기하며 서로 부둥켜안고 울 줄 알았는데 그런 일은 일어나지 않았다. 팔순을 넘어서도 자식 온다는 말에 눈에서 불이 번쩍 나던 엄마의 사랑은 어느 호주머니에 먼지처럼 남았을지, 한여름이었는데도 써늘한 바람이 오래도록 내 가슴에서 일었다. 그렇고 그런 일이다.

우리는 무엇으로 사는가
-고 박말애 추모극 '말애야, 말애야'를 보고

무슨 인연이었는지 선생님이 돌아가시고 난 뒤 나는 선생님의 방에서 남기고 가신 흔적들을 하나하나 들여다보고 있었다. 참으로 황망한 일이었지만 남은 자들은 결국 할 일을 해야 했기에 '기장문학' 추모특집에 낼 자료가 있는지, 혹시 미발표된 작품이 있는지 알아보기 위해서였다. 나도 그렇지만 당신께서도 내가 그렇게 오래 당신의 방에 앉아 있게 되리라는 걸 꿈엔들 생각하셨을까. 그날 혼자 남게 된 노모를 뵙는 일도 힘든 일이었거니와 선생의 허락 없이 선생의 내밀한 공간을 들여다보는 일은 무척 심란하고 곤혹스러운 일이었다. 살아계셨다면 절대 원하지 않으셨을 테니 말이다.

연극을 보러 가기 전 나는 이미 선생에 대해 많은 걸 알고 있다고 생각했다. 슬픔 따위야 그때 이미 다 느낀 것 같았다. 그래서 솔직히 연극에 대한 기대는 크지 않았다. 뻔할 것 같았다. 어쩌면 적당히 미화를 하게 될 거라는 생각도 들었다.

그러나 그런 내 생각은 곧 부끄러워졌다. 소극장 객석에 앉는 순간 내가 완전히 다른 차원으로 이동했다는 걸 알 수 있었다. 바다를 유영하며 등장하는 마리오네트 하나만으로도 그걸 감지하기에 충분했다. 숨소리 하나 들리지 않는 정적 속에 울려 퍼지는 전화벨 소리는 전류처럼 나를 감전시켰다. 어느 순간부터 나는 완전히 극 속으로 빨려 들어갔다. 나도 모르게 긴장감까지 느끼고 있었다.

그런데 어려운 가정 형편과 아버지의 투병 생활, 중학교 입학을 포기하게 되는 부분을 지나 이상하게도 경쾌하게 노래 부르는 부분에서 눈물이 핑 돌았다. 왜 거기서 눈물이 났을까? 그건 아마도 흙도 없어 보이는 돌 틈에서 환하게 꽃을 피우는 야생초를 볼 때의 기분과 비슷할 것이다. 그런 가운데서도 기어코 뿌리를 내리고 적응하고 꽃을 피우고 마는 풀처럼 우리에게 노래도 그렇게 터지는 것이다. 그럼에도 불구하고 노래를 부르고 사는 게 우리 인생 아니겠는가. 선생님 노래를 들어본 적이 몇 번 있는데 가히 수준급 실력이었다.

울 일이야 있겠는가 했던 나는 그 후로 장면, 장면 전개되는 진실 앞에서 북받쳐 오르는 울음을 참느라고 애를 먹었다. 어찌 된 일인지 원고를 읽어나갈 때보다 더 아프게 와닿았다. 돌아가실 때보다 슬픔이 더 짙게 밀려왔다. 화면에 뜨는 글이 절절하게 와서 꽂혔다. 아기가 되어 엄마 품속으로 다시 안기는 순간에는 정말로 소리 내어 펑펑 울고 싶었다. 그걸 참아서였는지 돌아와 잠이 들 때까지 가슴께가 뻐근했다.

우리는 무엇으로 사는 것일까? 어느 자리에서 어릴 적 부모한테 잘할 때가 그렇게 좋더라는 말씀을 하신 적이 있는데 나도 그랬기에 단번에 공감이 되었다. 세상에 태어나는 순간부터 가족은 우주와 같다. 삶의 전부다. 어릴 때부터 멸치를 주워 오고 커서는 새벽밥 먹으며 먼 곳까지 방직공장을 다니고 결국 고향에서 물질을 시작하게 되면서 가족에게 보탬이 되는 일이라면 힘든 것쯤이야 다 견딜 만했을 것이다. 마음이 벅차오르기도 했을 것이다.

그러나 누구랄 것도 없이 우리는 어느 순간 개인으로서의 위치를 느끼게 된다. 아무리 소중한 가족이라 해도 각자의 자리가 있어 엄마는 엄마의 자리, 언니는 언니의 자리, 동생은 동생의 자리가 있다. 주인공은 주인공의 자리가 있었다. 살다 보니 주인공은 끝까지 부모를 책임지는 자리에서 벗어나지 못했다. 그 짐을 왜 자신만 짊어져야 하는지 억울하기도 했을 것 같다. 누구도 자신을 제대로 헤아려주지 못하는 것에 섭섭함인들 왜 없었겠는가. 자연의 질서가 그러하듯 독립하고 싶은 마음도 여러 번 들었을 것이다.

그런 구석을 달래는 길은 역설적이게도 힘든 물질이 아니었을까 싶다. 주인공은 중학교 진학 대신에 넓고 큰 바다 학교에 들어가 학교에서는 결코 배울 수 없는 공부를 했다. 누구라서 바다를 해녀처럼 탐독할 수 있을까? 늘 가는 바다지만 늘 다른 문제들에 부딪혔을 것이다. 파랗게 물들지 않으면 해녀가 아니라고 당신께서 말씀하셨던가. 당신의 시간은 그 엄중하고 냉혹한 언어들을 체화시키는 과정이었다. 그 노역이 오히려 주어진 현실을 잊게 하는 데 도움이 되었을 것이다. 당신의 작품 속에는 숨을 참으며 거친 바닷속을 내려갔을 때의 환희에 관한 이야기가 나오는데 만만찮은 일을 하면서도 어쩌면 바닷속 자신만의 공간에 대한 희열도 분명 있었으리라.

글쓰기 또한 주인공에게는 놓을 수 없는 삶의 중요한 끈이었다. 컴퓨터도 없이 한 작품을 쓰기 위해 육필로 열 번, 스무 번 고쳐 나간 흔적을 보며 그 고된 일이야말로 당신과의 또 다른 싸움이자 도피처이자 돌파구로 보였다. 바닷속에서 해산물을 찾아내듯 자신의 마음속을 파고들어 글감을 찾아 작품으로 만드는 일은 팔팔하게 살게 하는 고통이자 낙이 아니었을까? 그 시간이야말로 오롯이 당신과 대면하는 시간이 아니었을까? 사는 일에 정답이 있겠는가. 결국은 자신 속으로 깊이 들어가 보는 수밖에 없다. 그렇게 글을 써서 세상으로부터 이해받을 때 숨통이 트였을 것이고 위안도 되었을 것이고 자부심이 생기기도 했을 것이다.

세월만큼 좋은 약손도 없다. 그러는 동안 마음도 몽돌처럼 다듬어져서 스스로에 편안해지는 시기가 온다. 어느덧 당신도 훌쩍 60 중반이 되었을 때, 90 넘은 노모가 다치게 되어 병원에 입원하시게 되었을 때, 문득 엄마 없이 혼자 어떻게 살아갈 수 있을까 하여 새삼 엄마의 숨소리를 사랑하고 있는 자신을 발견한다. 그런 엄마를 두고 먼저 가버린 것이 이 극의 가장 큰 통점인지도 모른다.

언젠가 모임이 끝난 뒤, 마치 바닷속 해초처럼 흔들리며 골목을 걸어가시던 뒷모습은 아직도 생생하기만 하다. 외로움이 절절하게 묻어나는 실루엣이었다. 한 번 찾아뵙고 한 끼 식사라도 해야겠다고 생각했는데 그런 일은 일어나지 않았다. 미루고 미루다가 마침내 한 회원과 날을 정해서 전화를 드리려던 그 날, 비보의 문자가 도착했기 때문이다.

 큰 비닐을 가지고 파도를 연출한 공연의 마지막 부분은 압권이었다. 그럴 수 없이 극적인 효과를 나타냈다. 마음에 풍랑이 일고 파도가 세차게 때리는 것을 느끼게 하는 연기였다. 울돌목처럼 여겨지기도 했다. 한을 풀어내는 듯한 대사와 함께 주인공은 출렁이는 바닷속으로, 파도 속으로 서서히 사라진다. 동생도 데려가고 언니도 데려간 그 바다에 주인공은 마실가듯 가서 끝내 돌아오지 않는다.

 극단 '가마골'에서는 그 주인공을 극 중에서 다시 살려냈다. 살아서 객석의 큰 언니에게도 안기고 막냇동생에게도 안기고 마지막으로 관객의 가슴 속으로까지 다녀갔다. 객석에선 여기저기서 훌쩍이는 소리가 들렸다. 주인공에 대한 감정도 그렇겠지만 모두 어느 장면에선가 자신의 삶 한 자락을 발견하기도 했을 것이다.

 얼마나 심혈을 기울였는지 알 수 있는 멋진 작품이었다. 어디에 내놓아도 손색이 없을 훌륭한 무대였다. 선생님의 영혼은 이제 모든 걸 내려놓고 안식처를 찾았을 것이라 믿는다.

바닷물에 발을 담그고

 막내는 올 때마다 바다를 보고 간다. 아니, 보고 가는 데 그치지 않고 스노클링 장비를 사서 바다 안을 살피다 간다. 막내는 먹는 것보다 몸으로 바다를 맛보는 걸 더 좋아한다. 그러면서 회사에서 쌓인 스트레스를 푼다. 주로 기장 바닷가를 찾는데 허벅지 정도의 물 높이인데도 참으로 다양한 게 있다며 탄성을 지른다. 따라간 식구들도 덩달아 그 팔팔한 말에 젖는다. 잡은 것들을 자그마한 물웅덩이에 넣어 두고는 가끔 손녀와 함께 넋을 잃고 바라보곤 한다.
 성게는 어쩐다고 온몸을 가시로 무장해야 했을까? 불가사리는 왜, 별 모양으로 자기 생각의 집을 지었을까? 앙장구는 입 앙다무는 일이 평생의 과업처럼 보인다. 새우는 나처럼 바쁘게 사는 것이라는 사실에만 꽂혀 있는 듯하다. 바다에도 대벌레가 있다니, 해초처럼 생긴 게 움직인다. 용치놀래기라는 놈은 분명히 보고 있는데도 눈앞에서 갑자기 사라져 버린다. 튀는 모습도 못 볼뿐더러 어디 숨었는지 감쪽같다. 노란 바탕에

검은 줄무늬가 있는 어린 범돔은 기본적으로 더불어 추는 춤을 알고 태어난 것 같다. 한 마리만 있을 때는 미동도 없더니 한 마리가 더 들어가자 이내 함께 춤을 추기 시작하는 것이다. 뒤에 들어간 녀석이 먼저 들어와 있는 녀석에게 다가가 뭐라, 뭐라 속삭인 뒤였다. 둘이 짝을 맞춘 율동은 참으로 환상적이었다.

바다 좋아하는 막내 따라다니면서 내게도 바다가 훨씬 가까워졌다. 누군가가 나를 추적한다면 파도 소리 가까이 잡힐 것이다. 고둥이나 소라, 거북손도 보고, 돌미역도 따보고 톳이나 까시리 등 어지간한 해초는 직접 채취해 봤다.

시부모님 말씀이 맞았다. 부산으로 와서 출세했다. 내가 어디서 이런 걸 느긋하게 누리겠는가. 바다를 낀 여기서 내 신수가 훤해졌다. 바닷물에 발을 담그고 있으니 지난 일들이 파도처럼 철썩철썩 다가온다.

나는 중학교 수학여행 때 바다를 처음 봤다. 바다 옆에서 태어난 남편은 군대 생활하면서야 소를 처음으로 봤다고 한다. 나는 바다 쪽으로 오가는 일가친척이 없었고 남편은 산과 들쪽으로 오가는 일가친척이 없었다. 그래서 나는 바다를 잘 몰랐고 남편은 산과 들을 잘 몰랐다. 우리는 그렇게 서로 캄캄한 채 만났다.

가끔 영주동 쪽으로 나갈 일이 있는데 어찌 된 일인지 지금도 결혼생활을 시작했던 그 기와집 위채는 그대로 남아 있는 걸 볼 수 있다. 내가 부산사람이 되는 첫 출발점이었다. 우리가 기거하던 아래채는 도로확장 하면서 헐렸다. 막다른 골목 안쪽 나무 대문이 늘 닫혀 있던 집, 5월이면 등꽃이 마당 넓이만큼 피던 집, 장남인 남편이 부모와 함께 살기로 했던 집이다. 장남은 직장에서 서울의 그럴듯한 자리로 갈 기회가 있었지만, 부모를 생각하며 거절했다.

 나는 장남의 그런 뜻이 마음에 들었다. 돌아가신 조상님 잘 모시고 부모님 잘 봉양하고 가족 간 화목하게 지내는 것이 자기의 바람이고 했을 때 이런 사람이면 믿을 만하다고 생각했다. 그렇게 나는 그 기와집의 식구가 되었다.

 생각해보면 그 집은 부족한 게 아무것도 없었다. 그래서 나는 '이들은 행복하게 잘 살았습니다.'라고 우리 이야기는 끝날 줄 알았다. 그러나 그런 생각은 나의 동화 같은 상상에 지나지 않았다.

 젊은 사람은 멋모르고 꿈을 꾸었지만, 어른들로서는 당신들이 고작 그 정도를 행복으로 여기게 될까 봐 겁을 내신 게 틀림없다. 그 집에서는 별일 아닌 일에도 날마다 분란이 일어났다. 식구 중 누구도 하루 편안한 날이 없었다. 어머님은 시도 때도 없이 짜증을 내고 벌컥벌컥 화를 내셨다. 그때야 내가 아무 겁도 없이 너무 모르는 곳으로 왔다는 걸 절실히 깨달았다. 나는 집 분위기가 냉장고 속같이 차가울 수도 있다는 사실을 그때 처음 알았다.

 어른은 니가 이런 도시에 와서 누리는 걸 고마워해야 한다는 말을 종종 하셨다. 그 말로도 어안이 벙벙했는데 그보다 더 견딜 수 없었던 건 다른 자식들에게 대놓고 내가 얼마나 형편없고 본데없는가를 알리던 일이었다.

　아, 그때 나는 시부모님의 어른 자리를 얼마나 까마득하고 대단하게 여겼던지. 어렵기는 말할 것도 없고 마치 그 모든 걸 다 알고 있는 전지전능한 존재로 보였다. 그때 어머님 연세가 오십 중반이었으니 지금 내 나이보다 십 년이나 낮다. 그런 어른에게 나는 옛 중전마마를 대하듯 새벽에 일어나 야채즙을 대령하는 것부터 시작해 하루 세 끼 더운밥을 해서 상을 차리고 저녁 잠자리를 봐 드리고 나서야 내 방에 들어갈 수 있었다.

　나는 조금이라도 어머님에게 지적당하지 않기 위해 노력했고 어머님은 언제나 뭐라도 하나 지적할 거리를 찾으셨다. 일이 있어서 바빴고 지적당하지 않기 위해서도 바빴다. 잠시 짬이 날라치면 일부러 일을 찾아서라도 바빴다. 그게 시간을 보내는 데도 좋았고 혼자 방에 있는 게 마음이 편하지 않아서이기도 했다. 그리고는 밤늦게 내 방에 들어가면 그대로 뻗어버리곤 했다.

　집 옆으로 골목 시장이 있었는데 경제권을 가지고 계신 어머니께서 늘 저녁거리를 사러 나가셨다. 봉지 속에는 주로 생선이 들어 있었다. 낯익은 생선도 많았지만 낯선 것도 많았다. 생선 요리는 도와주시기도 해서 옆에서 배울라치면 그동안 못 먹어서 그렇게 마른 모양인데 이런 걸 먹으면 살이 오를 거란 말씀을 하셨다. 그런 말이 가시처럼 걸려 밥이 코로 들어가는지 입으로 들어가는지 모를 지경이었다. 그럴수록 나는 더 바싹 말라 갔다. 40킬로를 밑도는 지경까지 되었다.

　한번은 어머님이 입원하신 적이 있는데 그때 큰애가 배 속에 있을 때였다. 아버님이 외출했다 돌아오는 길에 생선을 사 오셨는데 대야에다 한가득 부려놓으시고는 손질해서 저녁을 차리라고 하셨다. 그때는 어른이 너무 무서웠으므로 좀 장만해 달라는 입을 뗄 용기를 내지 못했다. 고작해야 이십 대였던 내가 부른 배를 안고는 칼을 들고 살아 있는 듯 싱싱한 생선 배를 가르고 아가미를 떼고 비늘을 쳤다. 그 생선이 무슨 생선이었는지는 기억나지 않는다. 다만 저녁에 퇴근해 온 남편에게 아버님이 그런 일을 시키시더라고 고자질했던 기억은 난다. 그날 희끗희끗 내게 달라붙었던 비늘도 떠오른다.

부산은 내가 자라던 곳보다 말도 셌다. 사람을 보고 예사로 그것들, 저것들 하는 소리를 듣고 내 귀를 의심했다. 무슨 억하심정인지 여기저기서 '때리 뿌싸뿐다'는 고래 고함도 심심찮게 들렸다. 내가 사는 집에도 수시로 돌풍이 일었고 오고 가는 말에 가시가 돋쳐 있었다. 처음에는 그 모든 것이 다 나 때문에 비롯된 줄 알고 나는 더욱 의기소침해졌다. 살아가면서, 나도 나이가 들어가면서야 그게 내 문제가 아니라는 걸 알게 되었다. 절대 행복을 쉽게 인정하면 안 된다는 마음은 내가 어찌해 볼 수 있는 문제가 아니었다. 이건 순전히 나의 그릇된 편견인데 나는 언제부턴가 시골 태생이라는 사실만으로도 반 점수를 주고 들어가는 이상한 버릇이 생기고 말았다.

우리는 아래채가 헐릴 때 독립했다. 큰아이가 돌을 넘긴 때였다. 남편은 아이에게 전망 좋은 방을 선사하고 싶다면서 바다가 훤히 보이는 곳을 찾아 돌아다니다가 송도 꼭대기에다 집을 얻었다. 과연 창문을 통해 종일 바다가 펼쳐졌다. 단칸방이었지만 세상 부러울 게 없는 새로운 시작이었다.
 그 많은 일들로부터 해방된 것도, 어른을 의식하지 않아도 되는 공간에 있다는 것도 한참 동안 실감이 나지 않았다. 오직 아이에게만 집중할 수 있었던 그때 나는 비로소 창으로 쏟아져 들어오는 햇살만큼 내 생활의 따뜻함을 느꼈다. 아이가 기고 일어서고 걸음마 떼는 과정처럼 나도 조금씩 나를 일으켜 세우고 있었다. 날마다 빨아야 할 기저귀가 쌓여도, 오밤중에 이불 빨래를 해도 힘든 생각이 들지 않았다. 아이 키우고 살림하는 기본 일과로도 또 하루는 빈틈없이 채워졌다.
 돌이켜볼 때 내 생에 가장 행복했던 몇 장면 중 하나가 그 시절에 숨어 있는데 아장아장 발걸음을 떼는 아이를 데리고 한참을 걸어 내려가야 하는 아랫동네, 송도시장을 보러 다닐 때였다. 반찬거리를 사서 아이 손을 잡고 가파른 골목길을 한 걸음 한 걸음 오르며 더없이 평화로워지곤 했다.
 하지만 옆에서 볼 때는 그게 아닌 모양이었다. 안면을 익힌 아주머니는 "무슨 얼어 죽을 전망" 하면서 어린아이를 데리고 이런 데 집을 구했냐며 고생한다고 혀를 끌끌 찼다.
 그러나 그때부터 부산이 저고리 앞섶을 풀고 나를 다독이며 품어주는 느낌을 받았다. 갯내음이 젖 냄새 같았다. 아이와 수시로 해변에서 놀고 어판장에도 가 보고 자갈치 시장도 가고 태종대에도 갔다. 남편이 가족을 생각하는 방법은 생선일 때가 많았다. 한 번은 내 생일이라고 사 온 게 어른 팔뚝만 한 참치였다.
 식탁 위 생선 종류는 나날이 늘어갔다. 나는 점점 생선에 눈을 떠가고 있었다. 고등어나 갈치, 조기는 기본이고 낭태 병어 가오리 돔 서대 납새미 빨간고기(아까무스) 양미리 임연수 등이 구이나 찌개, 탕으로 올려졌다.

그즈음부터 본격적으로 회를 입에 대었다. 시댁에서는 식구들이 모이면 으레 회가 먼저였다. 우럭 볼락 쥐치 놀래기 숭어 게르치 등의 이름을 그렇게 알게 됐다. 나는 그렇게 날생선을 먹을 수 있는 사람이 되어 갔다.

며느리 수발을 받고 싶었던 어른들은 새집을 사서 우리를 다시 불러들이셨지만, 그 고대광실 2층 양옥집을 며느리가 누리는 게 더 견딜 수 없는 일이 되어 우리는 다시 분가해야만 했다. 아들 월급을 7년이나 받아 챙기시고도 우리가 자립하며 만든 돈까지 전세금으로 받으셨는데 그러고도 당신들에게는 계산이 맞지 않으신 모양이었다. 물론 손녀들이 있는 것도 큰 문제이긴 했다.

그러나 부모님의 그런 날 선 계산은 내게 그럴 수 없는 축복의 기회가 되었다. 그때 정말 돈은 내게 아무것도 아니었다. 다시 우리 공간을 찾게 된 것에 감사했다. 그런 과정에서도 여전히 회나 생선이 사람 사이를 다시 좁히고 다시 이어 주었다. 밖에 나와 살았지만 나는 수시로 상을 떡 벌어지게 차려 부모님을 모셨다. 생신상도 언제나 집에서 차렸다. 그때는 왜 그렇게 끝없이 뜨거운 마음이 올라왔는지 모르겠다. 지금 생각해 보면 나도, 내가 그렇게 엉망인 사람이 아니라는 걸 끝까지 증명하고 싶은 욕심이 있었던 건 아닌가 싶다.

하지만 이상한 일은 그 특별한 상으로도 어머님 마음은 조금도 변하지 않았다는 거다. 한번은 상을 다 차려놨는데도 일부러 오시지 않은 적도 있었다. 그때 나는 전화로 처음으로 그 무서운 어른에게 고성을 냈다. 그래도 관계는 이어졌고 끊어진 그물 끈을 꿰매듯 가족관계도 그렇게 꿰매어 가며 살았다.

소설책도 끝까지 읽어봐야 하듯 내 이야기도 지금 이 자리에 있기까지 내용이 더 있다. 아버님은 돌아가시면서 "나는 니밖에 없다."는 말씀으로 지난 내 과거를 쏴 하니 씻어주고 가시고 수십 년 동안 며느리만 괴롭히면 만사 해결될 것처럼 여기던 어머님은 지금 내가 누군지 모르신다. 치매를 앓으며 나를 제일 먼저 잊으셨다. 희한한 일이다.
그런데 정신이 제법 맑으셨을 때 한번은 장남을 불러놓고 커다란 돈다발을 하나 내놓으셨다. 어머님에게 실로 큰돈이었다. 그걸 은행에서 어떻게 찾아서 혼자 집에 들고 오셨는지 모를 일이었다. 아무에게도 말하지 말라고 신신당부를 하셨다. 정신이 완전히 온전한 상태에서는 결코 저지르실(?) 수 없는 일이었다.
그러나 어머님의 깊고 깊은 어딘가에 당신도 어쩔 수 없는 어떤 부채 감정이 있었던 게 분명하다. 돈이라도 없었다면 우리에게 기대셨을 것을, 돈이 있어 끝까지 우리를 의심하고 경계하셨던 어른은 그렇게 모든 것 두고 요양병원으로 가셨다.
이러고 말 것을, 그동안 그렇게 끙끙 앓았던 나는 또 얼마나 헛것에 매달려 있었던 건지.

3부

내 발길에 닿는 물길

내 이름은 새벽

오르한 파묵 씨. 당신은 알고 있나요? 동방의 작은 나라 한 귀퉁이에 작은 독서 모임이 하나 있답니다. 우리는 당신을 만나는 일이 그리 어려운 일은 아니었지요. 이번 달에는 유독 당신을 알고 싶어 하는 한 회원이 당신의 이름을 올렸답니다.

그래요. 먼저 말씀드리고 시작해야겠군요. 우리 모임도 『내 이름은 빨강』에 등장하는 세밀화가들처럼 강물, 달무리, 초록, 나무, 반디 등 모두 아명(雅名)을 가지고 있어요. 어릴 적 아침에 부스스 눈을 떴을 때, 지난밤 비가 씻어준 말간 풍경이 그럴 수 없이 좋았던 나의 이름은 '씻은 새벽'입니다.

제목에서 알 수 있듯이 당신을 통하면 나무나 죽음, 색이나 그림 속의 개 등 어떤 것이든 생각의 주체가 되는군요. 생명의 힘을 얻는군요. 더불어 삶과 죽음의 경계, 시와 공의 경계도 허물어버리고 작가와 독자의 벽도 과감히 없애버렸군요. 참 거침없는 상상력입니다.

그래서 책을 읽다가 문득 이 소설 끝에 내 글을 하나 올리는 것도 재미있겠다는 생각을 했습니다. 당신은 인상을 찌푸릴 건가요? 이미 싱긋이 미소 짓고 있네요. 그래서 이 글은 당신의 글 끝에 또 하나의 소제목으로 따라갑니다.

　네, 당신은 세계의 독자들에게 당신 조국의 예술에 관해 얘기하고 싶어 하는군요. 그것도 16세기 이스탄불의 그림 세계를 가지고 말입니다. 욕심이 많은 당신은 그와 더불어 역사와 종교, 문화와 철학을 잘도 녹여 넣었군요.

　그런데 예술세계가 그처럼 종교에 속박돼 있다는 사실에 좀 놀랐어요. 그래서 새로운 화풍을 접하는 것에 대한 두려움과 갈등으로 살인사건까지 일어나는 일이 처음에는 와 닿지 않았어요. 사물을 있는 대로 그리지 않고 기억에 의존해서 그려야 한다든지, 종교의 뜻에 따라 원근법도 허용이 되지 않고 창작은 있을 수 없고 완벽한 모방만이 진정한 예술이 된다는 사실과 그림을 그리고 그리다 눈이 머는 지경이 되어서야 인정을 받는다는 것은 참 낯설고 이해하기 힘들었어요. 그래서 좀 어렵게 여겨지기도 했지요. 언제나 같은 그림을 베끼며 일생을 사는 그들을 과연 예술가로 부를 수 있을지 의문이 들기도 했어요. 뼛속까지 심어진 종교관과 전통은 그 당시로선 그처럼 막강한 힘인 것과 동시에 삶 그 자체로 보였습니다.

　나는 자연적으로 그 시대 우리 선조들의 그림을 찾아서 한참 들여다보는 시간을 가졌어요. 우리나라는 조선 초기부터 그림을 잡기로 보고 화가를 환쟁이라 하며 멸시하는 분위기가 있었지요. 물론 양반들이 고급 취미 정도로 사군자를 치며 고결한 선비 정신을 즐기는 문화는 넓게 퍼져 있었지만요. 우리는 아무래도 중국으로부터 영향을 많이 받을 수밖에 없었겠지요. 주체의식에 관한 생각을 가지기 시작한 건 겸재 정선 때부터였다고 하니 조선 후기에 와서야 새로운 문이 열렸다고 볼 수 있겠지요.

언젠가 당신은 우리나라에 왔을 때 어느 인터뷰에서 오스만 제국의 전통이 사라지는 것에 화가 난다고 했지요. 그 말이 이 책의 내용을 함축하는 것이라는 생각이 들었습니다. 그러니까 베네치아를 다녀온 에니시테가 술탄의 허락을 받아 새로운 기법을 시도하는 그 순간부터 고유의 예술 영역이 무너지는 시점이었겠지요. 그에 맞서 자신의 신념을 지키고자 바늘로 자신의 눈을 찔러 스스로 눈을 멀게 한 오스만의 심정이 당신에게도 그대로 남아 있음을 느꼈습니다. 우리로서는 쉽게 공감되지는 않지만, 그것이 당신에게는 대단한 자부심으로 보입니다. 그걸 알아주는 게 독자의 도리이고 타 문화에 대한 예의겠지요?

작품의 중심이 되는 세밀화가 하도 궁금하여 찾아보니 상상했던 것과는 다르게 색이 참 곱더군요. 종교적인 색채도 있었지만, 동양적인 정감과 함께 독특하고 신비한 분위기가 느껴졌어요. 하지만 그 암묵적 호소를 제가 어찌 다 알 수 있겠어요.

몇 년 전 눈으로 직접 확인해 보고 싶은 마음에 마침 부산시립미술관에서 '터키'전이 열려 찾았더니 정작 내가 궁금했던 세밀화는 없더군요. 워낙 소중하게 다루기 때문에 돌아다니며 전시하는 것은 어렵다는 말을 들었습니다. 전시장에는 그림 하나를 아주 크게 확대해 놓은 것만 걸려 있었는데 그 큰 그림을 보면서 세밀화의 실제 크기가 아주 작다는 설명을 들었습니다.

아무튼, 한때 세계에서 가장 강성했던 당신의 조국이 서서히 힘을 잃어갔듯이, 한때 예술의 전부였던 세밀화도 새로운 바람에 의해 그렇게 사라져 갔던 것을 당신은 마음 아파하는 거지요? 언젠가 당신 나라를 여행할 수 있다면 이 시대 세밀화의 실물을 볼 수 있었으면 좋겠습니다. 이것이 진정 당신의 의도가 아닌가요?

네. 살인사건으로 인한 긴장감도 필요했겠지만, 남녀 간의 사랑을 첨가한 건 잘한 일이에요. 카라와 세큐레의 사랑 이야기야말로 어렵게 느껴지는 예술세계에 윤활유 같은 역할을 한 게 아닌가 싶습니다.

끝으로 빨강이라는 색에 관해서 이야기해 보고 싶군요. 첫머리에서 보여주는 피의 이미지로 시작하여 당신은 어느샌가 단호함을, 집념을, 농축된 뜨거움을 나타내는 건가, 나는 짐짓 넘겨짚어 봅니다. 그리고 나는 필경 당신이 더 많은 뜻을 숨긴 게 아닌가 하고, 당신이 말해주기도 전에 그게 당신들만의 심적 기호이자 절대 영역인 죽음, 또는 더 나아가 신의 영역을 나타내는 것이라는 짐작을 해 봅니다.

세큐레가 기어이 이 책의 작가를 자기 아들 '오르한'으로 하는 것도 참 기발해요. 당신이라면 마땅히 그런 방법을 찾을 만하네요. 실제로 당신과 직접 연관이 있는 건 아닌가 싶기도 했답니다. 서구 유럽의 화풍을 은밀히 끌어들이려고 시도하는 할아버지에 비해 외손자가 오히려 전통이 무너져 가는 것에 안타까움을 느끼네요. 어느 나라나 외부 문화의 수용과 전통을 지키려는 자존심은 그렇게 시대에 따라 섞이며 흐르나 봅니다.

고마워요. 이야기 구석구석 예술에 대한 당신의 깊은 애정과 빛나는 철학은 내가 이 책을 읽었다는 긍지를 갖게 해 주었어요. 고백할게요. 나는 이 책을 다 읽고 나서도 한참 동안 당신과 좀 더 시간을 갖게 될 것 같습니다.

지난날의 장미

움베르토 에코가 『장미의 이름』으로 궁극적으로 말하고 싶었던 것은 무엇일까? 1327년이라는 그 아득하고 어두운 시대를 이 대명천지로 끌고 와서 우리에게 뭘 보여주고 싶었던 것일까?

"지난날의 장미는 이제 그 이름뿐, 우리에게 남은 것은 그 덧없는 이름뿐"이라는 마지막 부분의 문장을 음미하며, 그 많은 할 말을 끝낸 작가가 던진 질문을 생각해 본다. 이 글을 번역한 이윤기 선생은 "장미는 우리의 모습을 그리고 우리의 운명을 설명하고, 우리의 삶을 읽어 준다. 장미는 아침에 피어 만개했다가 이윽고 시들어가니까"란 말을 덧붙였다. 그렇다. 한 철 화려했다가 사라지는 장미가 이 긴 이야기의 메타포다.

범죄 추리소설의 틀로 종교철학을 녹여낸 이 작품은 열 번을 읽어도 감히 내가 이 책을 읽었노라고 떠벌릴 수 없을 것 같다. 역사적인 사건을 전제로 이야기의 모티브를 찾아 연결해 나가는 게 놀라워 이 이야기야말로 경험하지 않고는 어찌 가능하겠는가 싶어 수기임을 밝히는 그의 또 다른 장치를 받아들일 수밖에 없었다.

큰 틀에서 보자면 프란체스코 수도회와 베네딕트 수도회 간의 신에 대한 사유 방식의 충돌과 반목구조가 기본적으로 깔려 있다. 윌리엄이 속한 프란체스코 수도회는 지식과 경험과 과학적인 방식을 중요하게 생각하는 반면 원로 수도사 호르헤가 속한 베네딕트 수도회는 엄격과 근엄을 믿음의 본질로 여기며 신의 권위에 도전하는 걸 도저히 용납하지 못한다.

수도회 간의 갈등뿐만 아니라 교황과 황제 간의 대립도 엿보인다. 신을 대신하는 사제가 세상도 지배해야 한다고 보는 교황 쪽과 세속의 통치는 황제에게 맡기고 사제는 수련만 전념해야 한다는 황제 간의 갈등이다. 그러나 그 시대 역사에 어두운 나는 복잡하게 얽혀 돌아가는 여러 이야기를 다 이해하거나 따라잡지는 못했다.

다만 지금 이 시대에도 여전히 유효한 질문들에는 솔깃해졌다. 하느님을 경외하면서 성물을 통한 외적 모양새가 필요한 것인지, 청빈한 믿음 하나면 족한 것인지에 대한 문제는 지금 나의 질문과도 닿아 있다. 하느님을 드러낸답시고 대리석 부조를 탐하고, 손가락에 옥반지를 끼고, 십자가에 자수정 박는 일은 하느님의 율법보다 사람이 한 일을 더욱 성찬하는 일 같아서다.

일전에 불교 행사가 있어 큰 절에 들렀는데 처음 가 보는 절이었다. 규모가 큰 만큼 성물의 위용도 대단했다. 위용도 위용이지만 무명의 석공이 빚어낸 섬세함은 실로 감탄할만한 일이었다. 하나 티가 있다면 그 성물에는 역사의 흔적이 조금도 깃들어 있지 않다는 점이었다. 조성한 지 얼마 되지 않은 것 같았다. 부처님 전에 반야심경을 낭송하며 절을 올리는 시점에 불손하게도 나는 그 성물이 부처님으로 들어오지 않았다. 그냥 대단한 예술품으로만 보였다. 오히려 고려 때부터 대를 이어 이 절의 역사를 전부 읽고 있을 주변 풍광 속 하나하나의 식물 부처에 감읍했다. 나는 그런 나 자신이 속으로 좀 민망했다.

아드소 눈을 통해 소개되는 수도원은 오스트리아 도나우강 주변 '멜크'라는 지역이 배경이라고 들었는데 영화를 보면서 수도원 전경을 더욱 현실감 있게 봤다. 그 당시의 수도원은 단순한 종교 생활만이 아니라 교육과 문화의 중심이었으며, 모든 분야의 자료를 보관, 필사하는 도서관 역할을 했고 주변 지역을 관장하는 소 정부이자 지역주민과 함께하는 공동체로 보이기도 했다. 그러나 작가는 엄격과 금욕과 청빈의 규율로 둘러싸고 있는 이 수도원 또한 어쩔 수 없이 인간이 사는 현장임을 보여준다.

오직 마음 하나로 신을 대한다는 기본은 얼마나 단순하고 명료한 일인가. 그 단순하고 명료한 일에 인간이 온갖 형식적, 이념적 치장을 하는 바람에 이처럼 종교가 복잡해져 버렸다. 특히 안쓰럽게 여겨지는 건 그 시대 성직자들은 잠도 제대로 자지 못하고 두려움이나 공포를 조장하고 사수하는 일을 그들의 임무라고 생각했다는 점이다. 밑도 끝도 없는 죄의식을 심어 채찍으로 자신을 치는 의식을 만들어내기도 했다. 그리고는 '웃음'을 절대 드러내서는 안 된다는 강박관념에 사로잡혔다.

그래서 이단으로 금지된 서책인 아리스토텔레스의 '시학' 중 2권인 희극 부분을 알게 될까 봐 늙은 수도사 호르헤는 40여 년 동안 수도사들이 접근하지 못하도록 막아왔다. 거기에는 "웃음은 예술이며 식자(識者)들의 마음이 열리는 세상의 문이다."라는 문구가 들어 있는 것이다. 이것이 연쇄살인이 일어난 이유다.

호르헤는 수도사들의 두려움을 날려 보내게 될까 두려워하며 몇 사람이 죽는 정도에 대해서는 일말의 죄책감도 없이 결국 자신의 목숨마저 내놓는다. 그러다가 결국 자신들의 자존심이 었던 장서관이 활활 타 없어지는 것이 이 긴 내용의 마지막을 장식한다. 이것으로 작가는 긴장감으로 따라온 독자의 힘을 완전히 빼놓는다.

시대에 갇힌 호르헤는 어쩌면 또 다른 의미의 희생자일지도 모르겠다. 목숨보다 중한 종교적 신념이었지만 지금 보면 그는 참으로 암울한 우물 속의 개구리였다. 불길은 허망하게도 인간이 만들어 낸 허황하고 부질없는 것들까지도 활활 불태워 버렸다.

그런 면에 있어 종교 관념의 캄캄한 감옥 속에서 단 한 번 이루어진 아드소의 육체적 경험은 어떤 현란한 말이나 숭고한 가치, 복잡한 형식을 넘어서는 감미롭고 짜릿한 탈선이다.

"내게 일어난 사건은, 화음의 기적인 현악기 리라처럼 배치된 우주를 떠받치는 하느님의 위대한 섭리 일부일 뿐"이라는 그의 말이야말로 단연 이 묵직한 내용의 급소를 찔렀다고 생각한다.

신과 인간을 둘러싼 문제는 저 캄캄한 시대나 지금이나 여전히 간단하면서도 복잡하다. 마음 하나면 충분한 일을. 인간에 의해 교리도 엄격해지고 복잡해지고 형식과 절차도 까다로워졌다. 결국. 인간에 의해 온갖 일이 일어난다. 종교가 서로 달라서도 전쟁을 일으키고 서로 파가 달라서도 죽을 듯이 싸운다. 서로 옳다고 여기는 일을 벗어나는 일만큼 어려운 게 또 있을까.

종교의 한계는 결국, 인간의 한계에서 비롯된다. 진리에 대한 지나친 집착도 결국은 인간의 한계다. 이렇게 허망한 결말을 맞은 것도 스승 윌리엄의 지적 허영에서 시작됐다고 제자 아드소는 생각한다. 육체나 권력, 지식이나 부뿐만 아니라 진리에 대한 욕구도 탐욕이다. 우리를 궁극적으로 해방하는 일은 그걸 넘어서 버려야 하는 일이다. 우리가 결코 해낼 수 없는 일이다.

우리는 누구나 어떤 생각으로 자기만의 집에 갇혀 산다. 설령 종교인이라 해도 시대와 환경이 만들어 낸 집이 있을 것이다. 그걸 부수고 벗어나 아무것에도 걸리지 않는 자리에 설 수 있어야 하는데, 본래 자유가 만인에게 돌아가는 일이 종교의 진정한 구원일 텐데 인간 세상에서 그런 일이 일어나기란 쉽지 않다.

이런 마음으로 올해 이란 선거를 관심 있게 지켜보았다. 이변을 일으켜 진보 후보가 당선됐다. 남의 나라 일이긴 해도 남의 일 같지가 않다. 종교 중심의 체제는 변할 수 없는지 몰라도 적어도 여성들이 히잡이라도 벗을 수 있는 날이 왔으면 좋겠다.

바퀴는 굴러간다

내가 사는 이곳 정관은 2003년부터 신도시 조성을 시작했으니 그로부터 벌써 20년이 넘었다. 원래부터 살고 있던 주민들은 조용하던 마을이 한 도시로 일어나는 걸 전부 지켜봤을 것이다. 나는 십여 년 전에 이곳으로 이사를 왔는데 그때만 해도 입주율이 낮아서 빈집이 많을 때였다. 뜨내기인 나도 여기 정착하게 되면서 그 많던 빈집이 다 들어차는 걸 또 지켜봤다. 시골이라고 할 수 있는 곳인데도 짓고 나면 어쨌든 분양은 다 됐다. 그렇게 모인 사람들의 수가 이제 8만여 명에 이른다. 8만여 명은 결코, 적은 숫자가 아니다. 나는 어디서 이 많은 사람이 흘러들어왔는지 가끔 놀랍다. 그러나 더 놀라운 건 이곳으로도 모자라 주변으로 신도시는 계속 생겼다. 집은 어째서 지어도, 지어도 들어올 사람이 있는 건지 나로서는 이해할 수가 없다. 그러고도 어디든 집은 계속 지어졌고 그러고도 한때는 집값이 치솟아 온 나라를 뒤흔들 지경까지 갔다. 참 요지경 세상이다.

여기가 비록 변방이긴 해도 인구가 많아서 그런지 이제 도시로서의 격을 많이 갖추었다. 필요한 기관들도 속속 들어섰고 계획도시라 어디를 가도 공원 조성이 아주 잘 되어 있다. 도서관도 진작 문을 열었다. 우리 아파트 바로 앞에는 아주 큰 규모의 수영장도 들어섰고 더불어 건강 관련 프로그램도 다양하게 운영되고 있다. 곧 강연장과 영화관도 들어서는데 문화회관 역할을 톡톡히 할 것으로 보인다. 언제부턴가 거리 곳곳 트램으로 '정관선'을 놓겠다는 현수막이 등장하고 있기도 하다. 아무려나, 맨발로 걸을 수 있는 황토 숲길도 있고 지척에 해변도 끼고 있고 무엇보다 번잡하지 않고, 공기도 좋으니 나로서는 아주 만족스러운 곳이다.
 그러나 한편으로 출산율이 형편없이 떨어지는 걸 보면서 이러한 도시들이 언제까지 유지될 수 있을까 싶을 때가 있다. 그러면서 문득 가브리엘 가르시아 마르케스의 『백 년 동안의 고독』을 떠올리게 된다. 양피지 원고를 완전히 해독하는 순간, 신기루처럼 사라져 버린 마콘도 마을 말이다. 한 마을이 순식간에 사라져 버리는 걸 보면서 가슴 속으로 뭔가 확 밀려들어 오는 것이 있었다. 그것은 한참 동안 멍하니 앉아 있을 만큼 강했다.
 마콘도의 백 년은 한 마을만의 문제로 보이지 않는다. 또한, 특정한 세기만의 일로만 보이지도 않는다. 좁게는 여기 정관신도시를, 넓게는 우리나라 앞날을 예감하는 일 같기도 하고 한 번씩 큰 위기를 겪는다는 지구의 운명도 떠오른다. 한때 찬란하였으나 한순간 스러지고야 마는, 그리고는 또 어느 아득한 순간에 다시 시작될지도 모르는 그런 순환의 여정……. 작가도

"부엔디아 일가의 역사는 끊임없이 되풀이되는 역사와 같아 축이 보다 진보적인 목적을 위해 회복될 수 없을 만큼 닳지만 않는다면 영원히 굴러가는 바퀴"라는 말을 남겼다.

　백 년이라는 기간이 현실적인 기간이기도 한 건지 찾아보기도 했는데 자유당과 보수정당이 창당되는 시점부터 '보고타 사태'가 촉발된 시점까지라는 시각이 있었다. 내용 속 전쟁과 마을에 바나나 공장이 들어서는 일들이 '천일 전쟁'과 '바나나 농장의 파업' 같은 콜롬비아 민족의 역사적 현실이 반영되었다고 한다. 물론 오랜 스페인 지배의 영향과 미국 자본이 밀려드는 복잡한 국제 정세도 더 큰 범위로 에워싸고 있었을 것이다.

　조용하던 시골 마을에 과학 문명의 발달에 따른 물건들이 나타나고 정치적으로는 행정체제와 군사정권이 등장하고, 이념에 따른 전쟁과 자본주의와 맞물린 노동운동이 일어나는 과정은 우리나라 현대사 그대로다. 우리도 지배를 받은 적이 있고 영향을 받을 수밖에 없는 주변국들이 있다. 이 역사의 소용돌이 속에서 나 또한 아이 낳고 집 장만하고 이런저런 신제품들을 사들이며 떠돌다가 여기 정착했다.

　작가는 자연적으로 건강한 생명력을 유지하던 마을이 현대문명에 노출되면서 벌어지는 문제를 어떻게 모두 **빠트리지** 않고 집어넣을 것인가 무척 고심한 것처럼 보였다. 복잡한 가계만큼이나 여러 갈래의 다양한 이야기가 중첩되고 무거워지는 가운데 불면증, 욕망, 간통, 매음굴, 투전판, 복권, 자살, 우울 등의 단어들이 속속 등장한다.

　내가 사는 이 나라는 더불어 더 많은 단어가 생겨났다. 부동

산 투기에다 코인 투기가 나타나고 언제부턴가 다단계나 보이스 피싱이 나타나 사회를 어지럽히고 있다. 종교도 사업이 되고 있다. 이런 단어에 엮여 있는 개인의 암울한 고독의 그림자가 곳곳에 짙게 깔려 있다. 그러나 내가 모를 뿐, 실은 더 많은 단어가 계속 생기고 있을 것이다.

 소설에서나 현실에서나 질서 속에 혼돈이 있고 혼돈 속에 질서가 있다. 서로 맞물려 돌아가는 잘 짜인 구조가 느껴지면서도 어느 하나 희망적인 게 없는 것 같고, 하나같이 엉망진창인 것 같으면서도 또한, 그걸 아우르며 작동하는 힘이 있다.

 천년만년 살 것처럼 중앙 정치의 온갖 협잡과 비리가 전송되고 경제위기 설도 난무하고 어느 집단 할 것 없이 한탕 해 먹겠다고 혈안이 되어 있는 뉴스를 듣는다. 그런 가운데 청년 세대 81.5%가 미혼이고 결혼을 해도 아이를 낳지 않으려 하고 청년 자살은 하루 평균 35.4명, 2시간마다 3명씩 죽는다는 소리가 들린다.

 그러면서도 한쪽으로는 또 서민들의 힘이 있다. 우리 아파트, 내가 사는 통로에는 아이가 셋인 집이 세 가구나 된다. 한 젊은 엄마는 아이가 너무 예뻐서 자꾸 낳고 싶더라고 했다. 열심히 살면서 이웃을 잘 챙기고 밝다. 그래서인지 이 도시는 또한 안온하고 활기가 넘친다. 한때 젊은 층 인구 유입률이 전국에서 가장 높기도 했다. 아직은 아이들 노는 소리도 많이 들린다. 중학교는 올해 학생 수가 많아 반을 늘린다는 말도 들었다. 그렇게 바퀴는 굴러간다.

 한밤중 무단히 창밖을 내다보면 사통팔달 열려 있는 길로 차

량의 불빛이 환상의 꽃길처럼 펼쳐진다. 때로는 하늘로 연결되는 것 같기도 하고 때로는 바다로 이어지는 것 같기도 하고 어떨 때는 깊은 산속 동화 나라로 사라지기는 것 같기도 하다.

도심 가운데로는 '공룡 알처럼 희고 반들반들한 큰 돌덩이가 깔린', 개천이 무심히 흐르고 있다. 물고기 떼가 노닐고 수시로 백로와 왜가리가 드나들고 개천 길 따라 온갖 약초들이 피고 진다. 갖가지 색깔의 장미가 피고 참새들이 놀고 황조롱이가 휙휙 날아다닌다. 밤이면 도시 전체로 온갖 벌레와 개구리가 서로 목소리를 높이며 합창한다.

우리가 쓰고 있는 이야기는 과연 어떻게 결론이 나게 될까. 하늘과 바다와 숲은 이런 우리를 두고 무슨 공모를 하고 있을까. 엄마의 힘을, 서민의 힘을 믿을 만할까. 만에 하나 불로소득으로 많은 것을 챙긴 기득권층에서 챙긴 만큼을 젊은 층에다 내놓으며 기를 살려주는 일이 일어날 수도 있을까. 아니면 우리만의 마술적 상상력으로 마콘도와는 다른 세상을 열 수도 있을까. 그것도 아니면 우리도 결국, 그들처럼 한바탕의 꿈이 되고 마는 것일까.

보이는 듯 보이지 않는 손길이 있어 우리의 꿈과 가능성과 우울과 부조리와 불화를 조율하며 우리를 어디론가 이끌고 있다. 어디에 어떻게 도착하게 될지는 아무도 모른다. 한 도시가, 한 나라가 파란만장 소설을 쓰며 덜커덕덜커덕 오늘도 앞으로 나아가고 있다.

꿈, 또 하나의 세계

내가 그나마 지금의 건강 상태를 유지하고 있는 건 잠을 잘 자기 때문일 것이다. 카페인 성분만 들어가지 않으면 나는 정말 잠을 푹 잔다. 그런데 나는 꿈도 정말 많이 꾼다. 꿈을 꾸지 않는 날이 별로 없을 정도이다.

잠이 푹 들었을 때 내가 얼마나 희한한 세상으로 건너뛰는지 깨고 나서도 한참 동안 그 세계에서 헤어나오지 못할 때가 있다. 어떨 땐 몸이 뻐근해지기도 하고 어질어질할 때도 있다. 곯아떨어지는 시간에 머릿속에서 어쩌면 그렇게 엉뚱한 드라마를 그려내는지 모를 일이다. 때로는 나도 장자처럼 현실과 꿈속 중 어느 쪽이 진짜 나인가 생각해 볼 때가 있다.

꿈속에서는 어디든 갈 수 있고 누구든 만나는 것이 가능하다. 나는 잠자리에 들 때마다 오늘은 또 내가 어느 세상으로 가게 될지, 누가 갑자기 나타날지 궁금해진다.

어떤 장소는 반복적으로 나타나기도 한다. 하도 생생해서 그릴 수도 있을 것 같다. 그러나 깨고 보면 현실의 장소는 아니다. 실없이 전생인가 싶다가도 전생치고는 도로가 너무 미래도시처럼 펼쳐진다. 거기서 나는 늘 집으로 가는 길을 잃고 헤매고 있다.

한 번씩 아주 외로운 나를 만나기도 한다. 어떤 모임에서 혼자 빠져 있거나 주변을 둘러보니 아무도 없거나 모임에 가야 하는데 도무지 길을 찾을 수 없는 내용이다. 가족에게 전화해야 하는데 핸드폰이 없거나 차를 어디에 주차했는지 모를 때도 있다. 어떨 땐 외로움에 몸서리가 쳐지기도 한다. 이럴 때는 내 무의식일 거라는 생각이 든다.

어떨 땐 꿈을 꾼 것으로 마음의 짐을 덜 때도 있다. 돌아가신 엄마가 가끔 등장하는데 돌아가시고 나서 얼마 되지 않아 굽었던 허리를 곧게 펴고는 산모퉁이를 돌아가는 모습으로 나타나셨다. 이런 꿈은 현실의 나를 어루만져 준다.

때로는 꿈을 통해 텔레파시를 느끼기도 한다. 꿈속 등장인물이 다음날 실제로 전화가 온다든지, 누군가와 이불속에서 따뜻하게 손을 잡는 꿈을 꾼 날 그 느낌의 일이 일어나기도 한다.

또 신기한 것은 내가 현실에서 전혀 보지 못한 걸 꿈에서 기가 막히게 묘사해 낸다는 점이다. 한번은 어디론가 여행을 갔다가 거기서 엄청 고급스럽고 고풍스러운 그릇을 잔뜩 가져왔다. 어떤 날은 참으로 오묘하게 생긴 관악기를 불기도 한다. 어느 산을 올랐다가 외국에서나 볼 수 있는 고대 유물도 본다. 잠든 머릿속이 어떻게 그처럼 세밀하게, 멋지게 그려내는지 모를 일이다.

내겐 평생 잊히지 않는 꿈도 있다. 꿈속 일이 정말 현실에서 일어난 일이다. 아이들이 어렸을 때였는데 내가 마흔도 되지 않을 때였다. 그때 나는 똑같은 꿈을 연속으로 세 번이나 꾸었다. 초등학교 친구 엄마가 돌아가시는 꿈이었다. 그 친구는 형제가 셋이었다. 아이를 셋 두고 엄마가 돌아가시는 꿈이라 꿈에서도 너무나 황망하고 슬펐다.

그런 꿈을 꾸고 난 뒤, 우연히 친구들이 그 친구 집에 한 번 놀러 가자는 이야기가 나왔다. 그 친구 집에서 이야기를 나누다가 나는 문득 꿈을 떠올리며 어머니는 잘 계시느냐고 물었다. 친구는 아주 밝은 표정으로 잘 계신다고 했다. 그때까지만 해도 역시 꿈은 꿈이구나, 했다.

그런데 친구를 만나고 돌아온 일주일 뒤 우리 집에서 큰 사고가 일어났다. 큰 올케가 교통사고로 갑자기 돌아가신 것이다. 어린 조카 셋을 두고 말이다. 세 번이나 연속으로 나타난 꿈은 바로 우리 집 일이었다. 그때 나는 하늘이 노래지는 경험을 했다.

한번은 환청이 들린 적도 있다. 꿈에서 서울에 있는 동서가, 친정아버지가 돌아가셨다고 울면서 전화를 했다. 비몽사몽이었는지 그걸 전하는 동서 목소리가 귀 언저리에서 쟁쟁거렸다. 그리고 며칠 뒤 정말로 그런 일이 일어났다.

꿈은 현실 세계와 어떤 연관이 있는 것일까? 어째서 평범한 내게서도 이런 일이 일어날까? 꿈이 뭔지를 알고 싶어 한때는 지그문트 프로이트의 『꿈의 해석』을 잡아보기도 했다. 하지만 내게는 그렇게 와 닿지 않았다.

그러다가 최근 통섭의 끝판왕, 박문호 박사를 알게 되고 나서 그를 통해 하버드대 교수, 알렌 홉스를 만났다. 그의 표현에 따르자면 프로이트는 50%는 맞고 100% 틀렸다고 했다. 꿈은 해석할 일이 아니라는 것이다.

  그런데 꿈이 정신분열증과 비슷한 현상이라는 말에는 공감이 되지 않았다. 낮 동안 했던 행동을 다지고 반복하면서 감정을 영화로 상영하는 거라는 말도 내 경우에는 들어맞지 않는다. 내게 있어 꿈의 세계는 그야말로 완전히 다른 영역이자 또한, 묘하게 연결돼 있는 그런 영역이다.

  공상과 꿈의 공통점이 거의 기억되지 않는 것이라고 하는데 앞에서 말했던 것처럼 내게는 오래된 꿈도 아주 생생하게 남아 있는 것도 있다. 그날그날의 꿈도 잠자리에서 일어나기 전까지는 대부분 떠오른다.

  박문호 박사는 꿈과 현실은 분리해야 한다고 하지만 그 말도 내겐 반은 맞고 반은 틀리다. 내게는 두 쪽의 영역이 섞이며 시간과 공간을 뛰어넘는 일이기도 하다. 어떨 땐 꿈속의 깊고 맑은 의식의 힘으로 내가 살아가는 게 아닌가 싶을 때가 있다.

  나는 가끔 감각적으로 느끼는 게 현실적인 세계라면 완전히 영적으로 넘어가는 세계가 있어 잠을 통하여 경계 너머 어딘가로 연결되는 것은 아닐까 하는 생각을 한다. 인간으로는 도저히 알 수 없는, 과거와 미래가 구분되지 않는 영적인 세계, 거기 우주의 모든 것을 지배하는 어떤 기운이 있어 나도 모르게 그곳과 접속하고 내통하며 살아가는 것은 아닐까 싶은 것이다.

  그래서 나는 늘 꿈속 세상을 예의 주시한다. 오늘 밤 나는 어떤 꿈을 꾸게 될까? 죽은 듯 빠져드는 세상, 거기는 언제나 또 다른 세계가 기다리고 있다.

공평무사한 하늘

 독서회에서 큰맘 먹고 시작한 '논어'의 대장정을 드디어 마쳤다. 지난 2월에 시작했으니 거의 10달 만인데 목요일마다 두세 시간을 투자하여 얻은 결과다. 인간답게 사는 길이 뭔지 알아보겠다는 우리에게 도서관에서는 고맙게도 매주 장소를 제공해 주었다.
 처음에는 과연 우리가 누구의 도움을 받지 않고 뜻을 잘 이해하며 진행할 수 있을지 걱정이 많았다. 그러나 일단 시작해 보기로 마음먹고 우리에게 가장 적당한 책을 찾기로 했다. 논어에 관해서야 책이 널려 있을 줄 알았는데 그게 아니었다. 막상 책을 정하려고 보니 우리가 원하는 방향에서 다 조금씩 부족함이 있었다.
 경전이란 그래도 일단 원문을 가지고 하는 게 필수일 텐데 대부분 책이 원문을 없애거나 뒤쪽에 달아 놓은 것들이었고 어쩌다 원문으로 시작하는 책도 음훈이 달려 있지 않아 한문에 대해서 그다지 자신이 없는 우리에게 맞지 않았다. 또한, 해석이 아주 잘 돼 있다 싶으면 우리 주부들이 사기에는 가격이 너무 비쌌다. 그러다 한 회원이 서점으로 직접 발품을 팔며 책 하나를 추천했는데 음과 훈이 달려 있고 해석이 비교적 쉽게 되어 있는 것처럼 보였다. 무슨 일인지 책값도 쌌다. 일단 그걸로 결정했다.

그런데 이를 어쩌랴. 막상 시작해 보니 해석이 우리 수준에 맞기는 했지만 어쩐지 문장이 어설프고 매끄럽지 못한 부분이 자꾸 나왔다. 할 수 없이 다른 책을 하나 더 구해서 해석을 비교해 가며 넘어가야 했다.

어려운 점은 또 있었다. 내용을 잘 이해하기 위해서는 무엇보다 중국의 고대 역사를 알지 않으면 안 되었다. 그래서 우리는 한 달에 한 번 하는 독서 토론 시간에 중국 역사를 훑는 시간을 가졌다. 그리고 나니 내용이 좀 선명하게 와닿았다.

더불어 신경 쓰이는 게 또 하나 있었다. 밥 먹는 일이었다. 한 달에 한 번 만나는 독서 토론은 회비 조금 모아서 식당에서 점심을 해결하면 되는데 매주 만나게 되니 밥 먹는 값이 만만찮을 것 같았다. 의논 끝에 우리는 도시락을 싸기로 했다. 그런데 막상 같이 도시락을 먹어 보니 그 재미가 논어에 뒤지지 않았다. 십여 명이 두 가지씩만 반찬을 가져와도 웬만한 한정식보다 더 풍성해져 그 시간이 일주일 중 가장 잘 먹는 시간이 되어 버렸다.

사람이 모인다는 것은 이런 재미가 있다. 반찬 가짓수가 많은 것도 좋았지만 결국 논어를 하는 시간에도 그것이 도움이 되었다. 여러 사람의 다양한 경험과 시각이 버무려지니 그 시간이 더 풍요로워지는 건 말할 것도 없었다. 한 구절, 한 구절 운을 뗄 때마다 각자 자기가 듣거나 경험한 것, 또는 자신이 처해 있는 상황에 관해 이야기하게 되었는데 책에서 나오는 것 이상으로 세상살이의 온갖 이야기들을 주저리주저리 풀어냈다. 남편, 아이, 부모, 친구, 정치, 사회, 경제 등 모든 것이 논어의 강독 시간 속으로 흘러들어 왔다. 그것이 설령 주부들의 수다에 가깝다 해도 그런 과정을 통해 좋은 말씀 이상으로 각자의 스트레스를 풀었다.

처음 시작할 때 높고 심오하게만 여기며 두려워했던 것에 비하면 우리는 왕성한 수다와 함께 그 어떤 책보다 즐겁게 마무리할 수 있었다. 공자가 태어난 시기가 지금으로부터 2500년을 훌쩍 넘는 시점인데 그 시절 공자의 어록이 지금까지 굳건히 그 생명력을 유지하고 있는 것을 생각하면 참으로 놀랍다.

인간 세상이란 어느 시대를 막론하고 도리와 예의를 중시하고 삶의 바른길에 대해서 끊임없이 고민하고 실천하려는 집단인 것은 틀림없다. 이 오래된 고전이 영원불변 우리 삶의 지침서가 되는 것은 아무리 발전된 세상에 살더라도 우리가 인간답게 사는 일을 포기해서는 안 되기 때문일 것이다. 그런데 워낙 옆에다 두고 늘 챙겨야 할 구절이 많고 오랫동안 그 맛을 음미해야 할 내용이라 한 번에 많은 양을 읽어 나갈 수도 없고 또 한 번 읽었다고 다 안다고 할 수도 없을 일이었다.

하지만 분명한 것은 논어를 끝내고 나니 비로소 논어에 대한 막연한 부정적 시각을 거둘 수 있었다는 거다. 공자를 통해 얻을 것과 버려야 할 것을 따진다면 나는 후자 쪽에 더 무게를 두고 있었는데 이번에 그런 선입견이 사라졌다. 그것이 무엇보다 다행이다. 그뿐이랴. 세상이 발전하는 만큼이나 잃어가고 있는 인간성을 회복하기 위해서는 누구에게나 필독서가 되어야 한다는 마음으로 바뀌었다.

내용을 제대로 알지 못했을 때는 지나치게 고리타분하거나 엄격한 것을 요구하고 있을 거라 지레짐작을 했는데 전혀 그렇지가 않았다. 오히려 그 성격의 유연함에 있어 물과 같다는 생각이 들었다. 인간 세상에서의 근본 원리, 관계, 처신의 논리가 부드럽고 융통성이 있었다. 그 어떤 부분도 강압적이거나 일방적이거나 지키기 어려운 것을 말하는 것이 아니었다. 그렇게 공부를 해 나가는 동안 한마디로 정리할 수 없지만, 전체적 흐름에서 어렴풋이 인(仁) 사상에 대해 감이 왔다.

처음 시작할 때는 무슨 구절에 내가 걸려 넘어질지 겁이 났다. 고백하자면 논어를 시작할 즈음의 나는 분명 제정신이 아니었다. 그때 나는 하늘 아래 나만큼 사연을 가진 사람은 없을 것으로 생각했고 세상 누구도 나만큼 부당함을 당한 사람은 없을 것 같았다. 내가 가지고 있는 진실에 대해 나는 기고만장해 있었다.

되돌아보건대 나는 누구보다도 이 시간 속에서 흐트러진 모습을 자주 보였다. 구차한 감정, 덜 익은 표현들이 참으로 시도 때도 없이 터져 나왔다. 논어로 얻은 것을 그 자리에서 다 까먹을 때가 한두 번이 아니었다. 나는 때때로 그런 내가 죽을 만큼 싫었다. 그러나 그런데도 논어는 그런 불안한 나를 감싸 안았다. 그 어느 구석에서도 나를 꾸짖지는 않았다.

논어를 끝냈을 때 나는 커다란 산을 하나 넘은 것 같은 기분이 되었다. 그때야 내 머릿속 걷잡을 수 없는 기운도 어느샌가 나를 놓아주고 빠져나가고 있었다. 그즈음 나는 비로소 더도 덜도 아닌 자리, 앞서지도 처지지도 않은 자리, 그래서 무겁지도 않고 드러나지도 않는 그 자리의 홀가분함과 가벼움에 대해 생각하기 시작했다. 어느 순간 나를 슬슬 놓아주고 있었다.

공자는 특히 네 가지를 하지 않았다고 한다. 자기의 의견을 고집하지 않았고, 꼭 그래야 한다고 요구하지 않았고, 자기의 선입견을 고집하지 않았고, 자기중심적으로만 생각하지 않았다.

내가 억울하다며 황량한 모래밭을 그처럼 오랫동안 걸어온 것에는 분명 그렇게 되기까지의 지나침이 있었다. 뭐든 최선으로 해서 인정받고 싶었던 마음, 옳다는 것에 대한 집착은 그다지 중요한 덕목은 아니었다. 논어는 그걸 고집하지 않았다. 오히려 그것을 경계하고 있었다.

우리를 보듬고 있는 하늘은 어느 것 하나 놓치는 것이 없지만 그렇다고 시시때때로 인간 마음에 일어나는 것에 관여할 일도 아니었고 그에 맞는 시시한 정리를 할 일은 더더욱 아니었다. 큰 산을 올라서 보고 나니 드디어 공평무사한 하늘이 내 가까이 있다는 것을 가슴으로 느끼게 되었다.

그래. 난들 살아오며 남의 가슴에 상처가 되는 소리를 하지 않았겠는가. 난들 뭐 그리 정확한 길만 걸어왔겠는가. 내 삶을 건너오는 동안 나는 쭉 사람이 너무 힘들다고 생각했는데 그래도 답은 사람 속에 있었고 사람만이 이 세상을 구제할 희망임을 부정할 수가 없다.

  산을 오르다 보면 바람이 언제나 우리의 땀을 식혀준다. 이번 얼치기 등산에도 책 속의 말씀이 마음의 찌꺼기를 많이 헹구어 주었다. 그런 와중에 왈칵 눈물을 쏟기도 했는데 그것이 나의 세탁과정이었던 같다.

  이제야 안방 한쪽을 차지하고 있던 커다란 액자가 눈에 들어온다. 세로로 禮·經이란 글자가 크게 쓰여 있다. 남편이 결혼할 때 장만한 거였다. 저 글자 앞에 제대로 서는 것도 평생이 걸렸다.

  논어를 마치고 나니 내 식구가 무려 열 명 가까이 늘었다는 것도 빠트릴 수 없는 이야기다. 긴 시간 동안 매주 같이 밥을 먹으며, 또한 많은 이야기를 나누며 함께 했던 독서회 회원들은 어느샌가 모두 나의 식구가 되었다.

  우리는 그대로 쭉 나가기로 했다. 그래서 다음 책은 〈맹자〉로 정해졌고 논어를 하는 사이 함께 읽게 되었던 〈시경〉은 하루에 세 편씩 읽으니 아마도 그다음 책, 그다음 책에서도 계속 함께하게 될 것이다.

  이제 그 막막하던 통로를 지났다. 이제 뭔가 조금 알 것 같다. 아, 얼마나 복 받은 자리인가. 친구와 책을 가지고 노는 이 자리는!

편리는 불편하다

 세계가 난리다. 폭염, 홍수, 가뭄, 산불 등의 사태가 연일 터지고 있다. 분명 작년보다 상황이 더 안 좋아진 것 같다. 요즘 유럽에서는 만나면 다들 기후위기를 이야기한다고 한다. 지구가 이미 자연상태의 선 순환고리가 끊어지고 자정 능력을 잃었다는 말이 나온다. 앞으로 10년이 한계라는 말도 있고 이대로라면 10년도 길다는 말도 있다. 설마 그렇게까지 극단적으로 치닫기야 하겠는가 싶지만 돌아가는 걸 보면 어쩐지 무시할 수가 없다. 현대인 대부분이 지구위기에 대한 무력감을 느끼며 우울증을 앓고 있다고 하는데 우리의 유별난 활동으로 벌어진 이 사태를 두고 우리는 스스로 '인류세'라 지칭하기에 이르렀다.
 언젠가 기후위기 대중 인식 조사에서 다들 위기를 체감하고 있고 해결을 위해 불편함을 기꺼이 감수할 의향이 있다고 답했다는 기사를 읽은 적이 있다. 순간 '다행스러운 일'이라는 생각이 들 뻔했다. 그러나 이내 나는 씁쓸해졌다. 어디를 둘러봐도 우리가 정말 불편함을 감수하며 환경 운동에 적극적으로 동참하고 있는 것 같지 않으니까 말이다.

우리의 걱정과 실천 사이에는 언제나 괴리가 있다. 환경에 대해 겁을 내고 목소리를 높이면서도 그냥 다 어쩔 수 없다는 식으로 작년 살 듯 올해를 살고 어제처럼 오늘을 산다. 편리를 추구하는 이 무서운 속도 앞에서 속수무책으로 손 놓고 있다는 표현이 더 맞다. 우리는 모순적이다. 이런 뉴스를 들으며 우울해하면서도 날마다 쓰레기를 내고, 불편함도 견딜 수 없어 하는 이중성을 가지고 있다.

나는 오늘만 해도 페트병, 플라스틱 통, 김 포장지와 플라스틱 받침, 식료품 포장할 때 나오는 스티로폼 받침, 맥주 캔, 요구르트 통, 스티로폼 상자, 재래시장에서 이것저것 사면서 생긴 비닐봉지, 종이 상자를 재활용으로 내놓았다.

아이들을 보면 더하다. 돌아가는 사정을 보면 딱한 것이 이른 아침에 나가 저녁 늦게 들어오는 판에 생활이 제대로 될 리가 없다. 늘 바쁘고 정신이 없다. 간편하게 해결하려는 게 기본으로 돌아가고 있다. 자기 성취의 문제도 물론 있겠지만 삶의 비용을 잔뜩 올려놓고 맞벌이를 해야 먹고산다고 여기는 현 세태도 환경에 한 몫을 단단히 하는 것으로 보인다. 물을 끓여 먹을 시간이 없으니 손에는 언제나 페트병이 들려 있다. 식자재부터 자그마한 문구 하나까지 사러 다니는 일도 별로 없다. 클릭만 하면 뭐든 도착하는 세상이다 보니 어쩌다 아이들 집에 들르면 입구부터 발 디딜 틈이 없다.

코로나는 이런 생활을 더욱 심화시켰다. 우리나라는 코로나

이후 쓰레기 하루 배출량이 50만 톤을 넘어섰다고 한다. 플라스틱 사용량은 2020년만 해도 세계 3위라고 하더니 그 후 1위라는 소리를 들었다.

　아파트 재활용 공간은 볼 때마다 산더미다. 그래도 재활용이라도 하니 다행이라 여겨야 할까? 그런데 내놓은 것 중 제대로 뒤처리하지 않은 게 많아서 이게 얼마나 재활용될 수 있을까 싶을 때가 많다. 그렇지 않아도 우리나라가 수치상으로는 재활용률이 높지만, 정부지원금을 받기 위한 민간업체의 허위 실적이 많다는 소리를 들은 적이 있는데 분리수거를 전적으로 믿을 수 있는지 모르겠다.

　그래도 우리 생활공간에서 나오는 쓰레기는 어느 정도 관리가 된다. 도심지도 좀 낫다. 교외로 나가면 사정이 심각할 때가 많다. 어디든 쓰레기가 눈에 띈다. 걱정하고 우울해하는 우리는 다 어디로 갔는지 모를 일이다.

　올봄 통영, 연화도 산행을 했는데 평일인데도 사람이 많았다. 사방이 바다로 둘러싸인 풍광을 찾아 아마도 전국 각지에서 몰려들었을 것이다. 그런데 산행하는 내내 쓰레기로 눈살을 찌푸리게 되었다. 그러나 산행을 마치고 바닷가로 내려왔을 때 나는 아연실색하고 말았다. 거기에는 온갖 쓰레기들이 그야말로 전 해변을 덮다시피 하고 있었다. 북태평양에 우리나라 16배에 달하는 쓰레기 섬이 생겼다는데 당연히 거기서도 우리나라 쓰레기가 대량 발견되었다고 한다.

　옷 이야기도 하지 않을 수가 없다. 우리 식구만 해도 장롱에 옷을 그득 채워놓고도 철만 바뀌면 또 산다. 사는 만큼 수시로 헌옷을 내놓는다. 세계적으로 한 해 1,000억 벌의 옷이 쏟아지고 330억 벌이 그해 버려진다고 하는데 우리도 거기 일조하고 있는 셈이다. 우리나라 헌옷 수출량은 세계 5위란다.

그런데 개발도상국으로 가 재활용되는 것 같지만 수출이나 기부 형식으로 들어간 옷 쓰레기가 아프리카 가나에서는 산을 이루고 있다고 한다. 상당수가 그대로 버려지거나 매립되고 소각하거나 심지어는 바다에도 버려져 해안가 모래사장에도 산처럼 쌓여 있고 바닷속으로 빨려 들어간 옷은 해초처럼 엉겨 떠다니고 있단다. 대부분 석유제품에서 뽑은 합성섬유라 버려도 문제이고 매립돼도 문제이고 소각해도 문제다. 8,000개가 넘는 의류공장이 있는 방글라데시에서는 천 염색을 하며 나온 시뻘건 폐수를 처리도 하지 않은 채 하천으로, 바다로 그대로 흘려보내고 있었다. TV를 통해 봤다.

우리 사는 자체가 사실 자연에는 엄청난 민폐다. 화석 연료 사용, 과도한 경작과 삼림 벌채, 공장에서 나오는 중금속과 폐수, 농사짓는 데 사용되는 화학비료와 농약, 가정에서 내보내는 생활 폐수 등 우리가 지구에 저지르는 일은 일일이 나열하기도 힘들다. 탄소배출도 비상상태다. 이로 인해 우리 인간도 문제지만 생태계가 파괴되고 생물 다양성도 감소하고 있다고 하니 입이 열 개라도 할 말이 없다. 이제 미세플라스틱은 모든 생명체에서 검출되고 바다 어디서든 맑은 물을 떠서 검사를 해봐도 나온다고 한다. 심지어는 우리가 먹는 완두콩에서도 나오고 남극에 내린 눈에서도 섞여 있고 우리가 마시는 공기 중에도 떠다니고 있다고도 하고.

우리는 늘 어쩔 수 없다는 식으로 여기까지 왔다. 한때 유럽 청년들이 '자본주의냐, 삶이냐 선택하라'라는 구호를 외치며 거리로 뛰쳐나온 적도 있었던 것처럼 이렇게 발등에 불이 떨어진 이상 이 구호를 들고 시위를 하든지, 사회 변혁 운동이 들불처럼 일어나야 하지만 어제도, 오늘도 조용하다. 환경 문제는 언제나 당장 먹고 사는 일 다음이라고 생각한다.

우리가 하도 대책 없이 경거망동하니 자연이 충격요법을 쓴 것인지 모르겠지만 느닷없이 코로나가 출현해 우리를 혼비백산시켰다. 그때 세계의 공장이 잠시 멈추었던 적이 있다. 그제야 우리는 우리가 활동하지 않으면 어떤 세상인지를 잠깐 맛보았다. 이상한 경험이었다. 평소와 너무 달라서 약간 기이하게 여겨지기까지 했다. 깨끗해진 공기가 오히려 낯설 지경이었다. 그러나 곧 우리의 일상은 회복(?)되었고 다시 코로나 이전 상황으로 서서히 돌아가고 있다. 우리는 우리의 정상생활(?) 회복을 다행으로 여긴다.

최근 일본 후쿠시마 사태를 다룬 영화 '더 데이스' 시리즈를 봤는데 말할 것도 없이 재난 상황은 심각했다. 결과를 다 알고 보는 데도 몸이 떨렸다. 그런데 나는 이 드라마를 통해서 내가 환경의 근본적인 문제에 정말 무지하다는 걸 깨달았다. 우리가 불야성을 이루며 이렇게 흥청망청 살 수 있는 게 다 원자력 발전 때문이라는 걸 몰랐다.

원전이 치명적 쓰레기를 내지만 청정에너지라는 이점이 크게 작용해서 포기할 수 없는 건가 했는데 그게 아니었다. 원자력 발전은 다른 에너지에 비해 원가가 무려 3백만 분의 1에 불과하다는 거였다. 치명적 쓰레기가 생기는 것 이상으로 우리의 과소비를 부르는 원흉이라는 점이 무섭게 다가왔다. 내일 당장 지구 종말이 온다 해도 우리가 원전을 포기하는 일은 쉽지 않을 것 같다는 생각이 들었다.

 여전히 광고는 온갖 매체를 덮고 있다. 어디서든 집요하게 따라붙는다. 이미 오래전부터 기사에 광고가 따라붙는 게 아니라 광고하기 위해 기삿거리를 만드는 것처럼 보인다. 어디서나 워낙 극악하게 따라붙어서 기사를 보기 힘들 지경이다. 공영방송도 예외가 아니고 교육방송인 EBS까지 중간광고를 하는 실정이다. 폭발적으로 늘어난 개인 매체도 마찬가지다. 광고로 수익을 챙긴다.

 더 근사하고 더 편리한 걸 쫓는 우리에게 광고는 이제 정보로 이해된다. 우리는 먹고살 수 없어서 가난한 게 아니라 광고에 나오는 걸 살 수 없어서 가난하다. 남이 가진 걸 가지지 못해서 불행하다. 날마다 외부로부터 오는 욕망에 시달린다. 그리고 그 욕구를 충족하기 위해 돈을 번다. 그러다 보니 세상의 인식이 뭘 하든 돈만 벌면 된다는 식이 되었다. 모든 걸 다 드러내는 세상이다 보니 상대적 박탈감에 시달리는 정도도 더 심해졌다.

 그래도 우리는 우리의 소비로 나라가 성장한다고 믿는다. 우리의 소비는 경제를 살리고, 살리는 경제는 우리의 밥줄과 소비능력으로 다시 연결되는 구조 속에서 누구도 여기서 쉽게 발을 뺄 수도 없고 멈출 수도 없다.

 나는 환경 문제는 결코 개인의 노력으로 해결될 수 있는 게 아니라는 쪽이다. 강한 정부가 필요하다고 본다. 정부가 환경문제를 최우선으로 두고 싱가포르처럼 벌금제도도 만들고 엄격한 규제와 함께 다방면으로 새롭고도 현실적인 대안을 찾아야 한다. 무엇보다 먼저 원전을 줄여서 우리가 소비하는 모든 물건의 생산 원가를 확 올려버려야 정신을 차릴 거라는 생각이 들지만, 그 말을 했다가는 욕을 바가지로 얻어먹을 것이라는 걸 안다. 옳은 소리에 철없다고 몰아붙이는 게 또한 우리다.

 나는 우리나라가 GDP보다 환경대응지수가 더 높은 나라가 되기를 원한다. 보란 듯이 다방면으로 더 강력한 정책을 내놓아 환경 면에서 선진국으로 인정받았으면 한다. 미국에서는 쓰레기 분자구조를 바꾸어 에너지로 작동시키는 기술이 있다고 하고 프랑스는 열분해 과정을 거쳐 플라스틱에서 디젤유를 뽑아내는 기술을 개발했다고 하고 독일은 오래전부터 플라스틱 제조업체에 재활용을 책임지게 만드는 법안을 통과시켰고 르완다는 비닐 사용을 아예 금지했다고 한다.

 우리도 하루빨리 적극적이고 과감하게 움직여야 한다. 필요한 기술은 재빠르게 도입하고 과한 포장도 줄이게 하고 일회용 제품 생산을 금지하고 썩는 비닐이나 무공해 세제, 무공해 살충제를 만들고 플라스틱을 대체할 생분해성 물질을 찾아내는 데 힘을 쏟아야 한다. 또한, 기업이 RE 100 환경을 만들어가도록 적극 지원, 관리해야 할 일이다. 친환경에 관한 관심은 오래전부터 있었지만, 원료수급이나 사업성 문제로 지지부진했다고 하는데 정부의 의지가 약했다는 소리다. 그래서인지 지금도 전혀 체감이 안 되고 있다.

내가 나가고 있는 독서회의 이번 토론 책은 『월든』의 새로운 버전이라 할 수 있는 박혜윤의 『숲속의 자본주의』다. 저자는 남편과 함께 다니던 직장을 그만두고 아이 둘을 데리고 미국 시골 산속에 들어가 산다. 세상의 잣대를 벗어난 용기도 대단하지만 물건 하나를 사게 될 때마다 그 물건을 처리할 때를 더 고민하는, '끝을 생각하며 지금을 사랑하는' 마음이 무척 와닿았다. 물질적으로 풍요롭게 사는 사람보다 자발적으로 빈곤을 선택하는 사람이 더 근사해 보이는 그런 사회가 되었으면 좋겠다.

인터넷 기사에서 4인 가족이 1년 동안 낸 쓰레기가 500 리터 유리병 한 병인 경우를 봤다. 마음만 먹으면 그렇게도 할 수 있구나 싶어 많이 놀랐다. 개인으로서는 각자 쓰레기 줄이기 단기 목표를 정해 보는 것도 좋겠고 아파트별, 동네별, 지자체별로도 서로 쓰레기 줄이기 경쟁을 벌여 보면 어떨까 싶다. 앞으로는 환경에 관한 기사가 먼저, 더 많이 나오기를 바란다.

오래된 일이라 이제는 고전에 가깝지만, 가족과 함께 뉴욕 한복판에서 '노 임팩트 맨'을 기획하여 1년을 살아본 경험을 책으로 낸 콜린 베번은 불편한 게 많았지만, 날씨의 리듬에 맞춰 살면서 찾아낸 여유, 대중교통을 이용하면서 사람들 사이 되살린 공간, 전기가 없는 생활에서 비로소 알게 된 소소한 행복들을 맛보며 환경에서 시작해 인간성 회복을 하는 순간들이었다고 한다.

우리가 살고 지구를 살리려면 편리한 걸 두려워해야 한다. 자연은 지금까지 견뎌왔다. 그러나 이제 한계를 드러내고 있다.

아니, 한계를 이미 넘어서 버렸기 때문에 일어나는 현상을 우리가 맞고 있다고 해야 할 것이다. 우리 생활에서 더 아픈 자각이 있어야 할 일이다.

　나는 내 아이들이 지금보다 더 불편하기를 원한다. 우리 사는 일이 이렇게 건방져서는 안 된다. 우리는 지금 징그럽도록 풍요롭고 편리한 세상에 살고 있다.

아인슈타인과 살아가는 법

　각자 자기 자리에서 고생하고 있는 식구들에게 내가 해줄 것이라고는 그저 따뜻한 밥을 해 주는 것밖에 없다. 오랜만에 주말을 맞아 식구들이 모이게 되어 저녁준비를 하려고 집을 나선다. 대문을 나서 나는 곧 엘리베이터를 탄다. 버튼을 누르자 엘리베이터는 하강한다. 그 속의 나는 출발과 동시에 아주 짧은 순간이지만 내 몸에서 뭔가 뺏기는 것 같은 기분을 느낀다. 왜냐하면, 조금 전까지 송은영의 『아인슈타인의 생각 실험실』 속에 있었기 때문이다.
　좌광천 길을 따라서 시장을 가는데 혼자서 아인슈타인을 생각하며 걷는 걸음이 가볍다. 뭘 새롭게 안다는 게 나를 들뜨게 한다. 사실 이번 한 달은 오직 아인슈타인에 빠져 있었다고 해도 과언이 아니다. 아는 즐거움에 시동이 걸린 나는 인터넷 강의뿐 만이 아니라 검색을 통해서도 다양한 글을 섭렵하고 마침 TV에서 보여주는 강의도 반복해서 들었다. 그리고 저녁 잠자리에서는 동영상으로도 상대성이론을 듣다가 잠이 들었다. 이런 엄마의 모습을 보고 막내 녀석은 좀 놀라는 표정이었다.

그런데 이 글을 쓰고 있는 동안 조금 창피한 건 그동안 물리에 완전 까막눈이었던 내가 알면 얼마나 알게 됐다고 그걸 가지고 너무 떠벌렸다는 거다. 식구들에게 함께 하기만 하면 그에 대해 열을 올리니 처음에는 다들 같이 놀라워하며 호응을 해 주다가 나중에는 모두 바쁘다며 슬슬 자리를 피했다.

하지만 누가 뭐래도 내가 즐거운 걸 마다할 수는 없다. 수양버들이 줄지어 서 있고 청둥오리, 백로들이 노닐고 물고기들이 떼 지어 몰려다니는 개천이 더없이 정겹게 느껴지는 날, 나는 천천히 걸으며 다시 책 속의 내용을 곱씹고 있다.

'그러니까 말이지'

나는 다분히 철학적 인간이 된다. 음, 물리학 역시 완벽한 정의란 있을 수 없다는 말이군. 아인슈타인 역시 주관적 인식과 판단은 오류라는 것을 발견해낸 거야. 수많은 수학자나 논리학자들도 절대적인 진리를 찾기 위해 그처럼 매달렸지만, 산술을 바탕으로 한 그 어떤 것도 필연적으로 불완전성의 논리를 만날 수밖에 없었다고 했지. 그런데 여태껏 별생각 없이 써 온 '절대'란 단어는 그렇게 막 쓸 수 있는 단어가 아니군. '절대적'으로 믿었던 시간이나 공간, 길이, 질량마저 상대성이라는 것 정말 놀랍지 않아? 이걸 쉽게 받아들일 수 있겠어? 이 천재 물리학자가 단지 빛에 대한 상상으로 이 사실을 갈파했다니!

나는 더욱 골똘해진다. 어떻게 속도에 의해 시간이 늘어날 수가 있고 길이가 짧아질 수 있다는 말인가. 지상의 모든 것이 각자의 운동성에 따라 각자의 시간으로 살아가고 있다는 것이 말이 된단 말인가. 이 개념을 받아들이는 것에 정말 애를 먹었다. 아인슈타인은 광속이 불변이라는 사실을 가지고 나머지 것들을 모두 흔들어버리는 배짱을 보여줬다. 하지만 내가 의문을 가지기에는 그 후 물리학의 역사는 그의 이론을 입증해 왔다. 내 시공간으로 이해할 수 없지만, 그냥 믿어야 하는 일이다.

그는 마침내 물체의 속도가 광속에 이를 때 질량이 치솟는 현상을 찾아내고 그것이 에너지라는 위대한 결론을 얻는다. 질량도 에너지의 한 형태라는 걸, 서로 다른 것인 줄 알았던 에너지와 질량이 변환될 수 있다는 것을 알아낸 것이다. 이 원리로 원자폭탄을 제조하고 원자력 발전을 하고 중입자 가속기를 개발한 것인데 원자폭탄이 우라늄의 원자핵을 건드리는 거라면 중입자 가속기는 탄소 핵을 빛의 속도에 가깝게 가속 시키는 거라고 한다.

나는 그동안 차를 그렇게 타고 다니면서 어째서 속도를 내는 차 속의 내가 그렇게 편안한 상태가 되는지 의문을 가져본 적이 없다. 그냥 당연하다고만 여기고 있었다. 그런데 지구가 그렇게 빠르게 공전과 자전을 하고 있다는데 왜 그걸 느낄 수 없는지는 궁금했다. 알고 보니 같은 문제였다. 차 속이든, 비행기 안에서든. 지구 위에서든 내가 물체와 같은 속도로 돌고 있으므로 느끼지 못하는 일이었다. 이번에 이 단순한 문제를 이해한 것만으로도 이날 만든 닭죽은 정말 맛있었다.

아인슈타인은 특수상대성이론에서 그치지 않았다. 가속이 없는 특수상태로는 한계가 있었다. 그는 가속도로 인해 생기는 관성력에 10여 년의 세월을 보냈다. 그 끝으로 일반 상대성이론이 나왔다. 그래서 새로운 등가원리를 찾아냈다. 바로 가속으로 생기는 관성력이 중력과 같은 값이라는 것이다.

일반상대성이론은 거의 중력이론으로 보면 될 정도이다. 질량으로 인해 공간이 휘어지고 빛은 그 휘어진 공간에 따라 꺾이고 질량에 따른 중력에 따라 시간도 늘어난다. 아인슈타인은 중력을 힘으로 정의하지 않는다. 중력은 물체를 잡아당기는 성질의 힘이 아니라 가속에 따라 나타나는 관성력으로 인한 현상의 물리량에 불과하다는 이야기다. 아인슈타인도 관성이 바로 중력이라는 사실을 깨달았을 때 가장 행복했다고 하는데 나 역시 여기서 날아갈 것만 같았다. 그러니까 사과가 땅으로 떨어지고 우리가 지구 위에서 잘 붙어살 수 있는 이유는 지구가 원운동을 할 때 생기는 가속에 의한 관성력 때문인 것이다! 아인슈타인은 전혀 새로운 방향과 접근으로 이 사실을 알아냈다.

그런데 사실 지구도 늘 같은 속도로 돌고 있으므로 가속이 일어날 일이 없지 않은가에 발목이 잡혀 나는 오랫동안 힘들었다. 그래서 여기저기 마구잡이로 여러 글을 읽어내는 과정에서 원운동은 등속으로 돌아도 방향이 바뀌기 때문에 가속이 생긴다는 것이었다. 물리학의 기초가 전혀 없는 나에게는 그것조차 힘든 과정이었다.

나는 부끄럽게도 그동안 타임머신이란 말이 아인슈타인 이론을 근거로 하는 것조차 몰랐다. 그냥 누군가의 상상이라고만 여겼다. 그리고 창피한 고백 또 하나, 나는 사실 그동안 질량과 무게의 개념이 서로 다르다는 것도 몰랐다. '질량'은 한문이고 '무게'는 한글이라고만 생각했다. 이 정도 수준에서 감히 아인슈타인이라는 대 천재의 실험실을 들락거렸으니 모를수록 용감하다고 조금 알고는 아주 크게 떠들었다는 것을 인정한다.

그의 이론은 실로 엄청난 범위를 가지고 있으며 어렵기로 말하자면 감히 입을 뗄 수도 없거니와 기하학의 개념이나 그걸 증명하는 계산으로 넘어간다는 것은 나에게 꿈도 꿀 수 없는 일이다. 그저 학자들이 떠먹여 주는 것으로 맛을 볼 뿐이다.

사실 아인슈타인이 남기고 간 이론은 노벨상의 황금밭이라고 할 정도로 많다고 한다. 적색편이, 중력렌즈 등 물리학에 수많은 업적을 남겼는데 이런 부분들은 읽어도 잘 이해가 안 되는 게 대부분이었다. 그러나 우리 생활 속 상대적 차이가 숨어 있다는 것을 깨달은 것만으로 나는 만족한다. 이 이치의 깨달음이 밥 먹고 사는 일과는 상관없는 일이지만 우주를 움직이는 비밀을 살짝 엿본 짜릿함은 돈 주고 살 수 있는 게 아니다.

독서회에서 물리학으로 떠들고 오니 남편이 집 청소를 깨끗이 해 놓고 출근했다. 물리현상을 붙들고 놀다가 갑자기 확 다가온 현실에 잠시 머리가 어지러웠다. 내가 알게 된 것들이 집안일보다 중요한 일이었는가 하는 생각이 퍼뜩 들었다. 그러나 어쩌다 한 번 이런 세계에 푹 빠져보는 것도 삶이 풍요로워지는 것에 한몫한다고 생각한다.

나는 종종 내가 이렇게 책을 붙들고 있어도 될 만큼 시간을 가진 것을 감사하게 생각한다. 적은 월급이나마 남편이 있어 가능한 일이었다. 나는 이 사실을 내 삶의 절댓값으로 배짱을 부리리라 마음먹었다. 수능을 본다면 한 문제도 맞히지 못할 내가 무식하게 텀벼들어 내 맘대로 놀아본 이 시간을 나는 사랑한다. 이걸 '절대 변하지 않는 행복값'으로 두면 그 외에 나를 공격하는 삶의 잡다한 물리량이 흔들릴 것이다. 나는 운이 좋은 사람이다.

나의 불륜

 언제부턴가 정육점이 늘더니 이제는 내 주변만 해도 대여섯 군데나 된다. 그중에는 웬만한 마트 크기의 규모도 있다. 진열장에 진열된 핏물 머금은 살점들이 화려하다. 마블링 잡힌 꽃등심, 삼겹살·오겹살에 기름기가 쫙 올랐다. 종류별로 진열된 뼈들, 해체된 부위가 적나라하다. 행사는 끝이 없다. 일 년 열두 달 특별이벤트다. 운 좋으면 냉장고, 선풍기를 받을 수도 있다. 대형 현수막에는 삼백만 원도 쏜단다. 여차하면 대폭 할인도 해 버린다. 이게 실화냐? 기분 따라 공짜로 줄 수도 있다고 고래고함을 지른다. 먹는 만큼 포인트도 쌓아준다. 우리의 오장육부를 쥐고 흔든다.
 나도 냉동실에 고기를 종류별로 채워 놓고 있다. 시장을 자주 가지 않기도 하고 아이들이 들이닥칠 걸 대비해 돼지고기 소고기 닭고기 오리고기 등 여러 가지를 한꺼번에 사서 넣어둔다. 어류도 있다. 문어 다섯 마리가 꽁꽁 얼어 있고 건가자미, 간고등어에다 새우젓, 갈치순태젓도 들어 있다. 한때 목숨을 가졌던 것들이 속절없이 먹거리가 되어 내게 도착해 있다. 죽음을 맞이할 때의 두려움 같은 건 깔끔하게 제거된 채 말이다.

한강의『채식주의자』를 읽다가 문득 오랫동안 잊고 있었던 어린 시절의 한 장면이 떠올랐다. 여남은 살은 되었을까. 나도 영혜처럼 개 잡는 장면을 목격한 적이 있었다. 학교에서 돌아오는데 뒷산에서 어른 몇이 개를 나무에다 묶어 놓고 살기를 등등 올리고 있었다. 집에서 키우던 개였는데 개 우는 소리가 피처럼 낭자하게 흘러넘쳤다. 동네를 온통 덮고도 남았다. 나는 불쌍하다고 했다가 옆에 있던 동네 어른한테 혼이 났다. 먹고 사는 일에 그런 마음을 내면 안 된다는 윽박지름이었다.

이상하다. 나는 어떻게 그 끔찍했던 장면을 나도 모르게 잊게 되었을까. 영혜가 끝내 그 트라우마에서 벗어나지 못하는 걸 보면서 떠오른 생각이다. 그때는 개만 잡은 것도 아니었다. 닭은 말할 것도 없고 한 해 한두 번은 소도 잡고 돼지도 잡았다. 그때마다 동물 우는 소리가 골골 골목을 퍼져나갔다.

그 후 현대의 시스템은 이런 사건들로부터 우리를 해방시켰다. 이런 일들은 다 사업으로 편입됐다. 그러고 나서 고기는 푸성귀보다 쉽게, 자주 우리 식탁에 올라오게 되었다. 우리는 무딜 대로 무뎌져 고기가 어떻게 저처럼 끊임없이 읍소하는 상품이 되어 버렸는지 관심이 없다. 우리의 무관심도 저들의 살점만큼 무참해졌다.

처음에는 나도 영혜 식구들처럼 영혜가 하는 짓을 기행으로 봤다. 편집증적 망상 증상으로 보이기도 했다. 그런데 어느 순간 나도 모르게 이상한 열감이 느껴지다가 얼음처럼 차가운 인식에 닿았다. 나는 그예 발목이 잡히고 말았다.
 그래, 누가 정상이고 누가 비정상인 걸까? 가족애가 남다른 닭을, 사람과 강한 유대감을 형성할 줄 아는 돼지를, 소를 날마다 식탁에 올리는 나의 일상이야말로 얼마나 기괴하고 기이한 현장인가. 살아가면서 저지르는 이 모든 몹쓸 짓에 대하여 왜 나는 영혜처럼 괴롭지도 않고 구토가 나지도 않고 진절머리가 나지 않는 것일까. 왜 나는 죄책감을 느끼지 않는 것일까.
 무심코 이 작품에 빨려들었다면 여기서 정신 차리고 나가는 건 그리 간단한 일이 아니다. 작가는 '기이하지만, 힘 있는 덧없음'으로 이 통증을 한 폭의 그림으로 그려낸다. 우리 일상의 무감각을 낯설게 보여주는 것 같기도 하고 당연시하는 우리 삶의 방식에 대한 반발로도 읽힌다. 어쩌면 작가는 우리가 걸치고 있는 온갖 그럴듯한 옷까지 가리키고 있는 것도 같다.
 인간의 폭력과 옷을 거부하고 나무가 되고자 하는, 나무가 되어야 끝이 날 '참인간'과 무능력한 예술가를 그것도 인척간 불륜으로 엮은 건 작가의 심리전 아닐까. 우리의 이성에 도전하는 의도이자 수법은 아닐까.
 미셸 푸코는 『광기의 역사』에서 광기는 고전주의 인간의 내밀한 진실이 투명하게 비쳐 보이는 언어이며 인간은 본질적으로 미쳐 있고, 미치지 않았다는 것은 아마도 미쳤다는 것의 또 다른 형태일 것이라 했다.
 흐드러진 자주 꽃과 빨강의 반쯤 열린 꽃봉오리들, 푸르스름한 점과 줄기와 잎사귀들, 노랑과 흰빛의 가슴 쪽 꽃송이, 선혈 같은 진홍의 거대한 꽃과 연보랏빛 수국이 불륜의 알몸과 함께 춤을 춘다.

　모두 형제 같은 세상의 나무들, 바다처럼 세상을 뒤엎은 숲의 물결, 무자비한, 무서울 만큼 서늘한 생명의 말을 가지고 일어서는 초록빛의 불꽃이 형형하게 일렁인다.

　짙은 보라색 커튼이 보이고 짓무르는 잎사귀엔 초록색 즙이 흐르고 향긋하고도 쌉쌀한 풀냄새가 난다. 그러면서도 한쪽 구석엔 피가, 또 다른 곳에는 하혈이, 그 옆으로 검은색 비가 내린다.

　"꿈에서 내가 물구나무로 서 있는데 내 몸에서 잎사귀가 자라고 내 손에 뿌리가 돋아서 땅속으로 파고들었어. 끝없이, 끝없이 사타구니에서 꽃이 피어나려고 해서 다리를 벌렸는데, 활짝 벌렸는데 나, 몸에 물을 맞아야 하는데" 한쪽에서는 영혜의 목소리가 나지막이 흐른다.

　나는 이 화폭 속에서 한참 갇혀 있다가 내 깊은 곳에 숨어 있던, 어릴 때 들었던 동물의 울음을 떠올린다. 저항할 수 없었던 그들의 울부짖음이 다시 살아나 퍼져나간다. 동네를 덮고 저 멀리 골짝까지 퍼져나간다.

　아, 그러나 냉장고가 비면 나는 또 남의 살을 탐하러 집을 나설 것이다.

타자에 예의 갖추기

근래 들어 다윈 이론이 재조명되고 있다. 탄생 200주년을 지나며 더욱 그런 분위기가 있는 것 같다. 지금은 너무나 당연하게 받아들이는 자연선택 이론이, 모든 현상을 신의 영역에서 이해했던 그 당시로는 가히 혁명적이었고 그만큼 충격도 컸다고 한다. 자연을 이해하고 받아들이는 일에 신을 배제하는 일이 이처럼 누군가의 끈질긴 집념 끝에 이루어진 것이라 하니 나는 그 점이 놀랍다. 그리고 다윈 시대에 와서야 그런 일이 시도되었다는 것은 더 놀랍다. 그가 『종의 기원』을 내기 전까지 사람들의 비난에 대비하여 반박할 자료를 꼼꼼히 준비하면서 무려 20여 년을 보냈다는 걸 보면 그 당시의 분위기를 짐작할 만하다.

다윈이 남긴 말 중에 "가장 강한 것이 살아남는 것이 아니고, 가장 똑똑하다고 해서 살아남는 것도 아니고, 변화에 가장 잘 적응하는 것이 살아남는다."라는 말이 있다. 어느 강연에서 최재천 선생은 "강한 자가 살아남는 게 아니라 살아남는 자가 강한 것" 이란 말을 했다.

내가 여기 이렇게 있는 건 그 모든 것들로부터 살아남은 윗대가 있어서 가능한 일이다. 그렇게 살아남은 나는 또 남편을 만나 자식을 셋이나 낳았다. 그런데 내가 이렇게 셋이나 낳았건만, 우량종이 틀림없는 최재천 선생이 아들 하나만 낳았다고? 내가 겁이 없었던 건가, 선생이 신중한 건가? 그래도 일단 나를 많이 퍼뜨린 내가 잘한 건가, 자신을 최소한으로만 남긴 선생이 현명한 건가? 부질없는 생각으로 휩쓸리다가 곧 유전인자 쪽으로 옮겨간다.

우리나라에서 과거에 비하면 아이들이 얼굴이 갸름해지고 키가 커지는 변화가 나타나고 있다고 한다. 음식이 갈수록 부드러워지고 예전과 비교하면 영양공급이 좋으니 그럴 수도 있을 것이다. 그렇지만 혹시 '그렇게 되고자 하는 생각'도 영향을 미치는 건 아닐까, 하는 생각이 스친다.

그러나 『이기적 유전자』를 쓴 리처드 도킨스는 획득 형질이나 환경이나 염원이 유전에 개입될 여지는 없다고 말한다. 변이와 분화가 이루어지는 과정에서 모든 생명체의 역사가 그다지 진보적이거나 방향성을 가지고 흘러온 게 아니란다. 모든 종은 '무계획적이고 비효율적인 자연선택과정에서 눈먼 시계공의 수많은 시행착오 끝의 우연한 결과물'이라고 한다.

우연한 결과물이라니, 나는 이 부분에서 자꾸 걸려 넘어진다. 환경에 따라, 또는 정보의 축적을 통해, 또는 원하는 바에 따라 유리한 형질이 살아남고 불리한 건 도태되는 과정 아닌가? 그에 따라 모습이 서서히 변해가는 것 아닌가? 인간 진화과정의 그림에 익숙해 있고 날마다 경이로운 자연에 탄복하는 나로서는 약간 당황스럽기까지 하다.

 아무튼, 어느 아득한 시점, 하나의 생명체의 '그 단순한 시작'으로부터 이토록 다양한 종이 생겨났다. 생명체는 어쩌다 이렇게 엄청난 분화를 이루었을까? 종도 많지만, 같은 종 안에서도 서로 다 다르게 만들어가고 있는 것도 신기하다. 같은 부모를 둔 우리 형제들도 다르고 우리 아이들도 다르다. 겉모습만 다른 게 아니라 사고도 다르다. 식물이나 동물도 서로 비슷해 보여도 어느 하나도 같은 것이 없다. 어떻게라도 달리 만들려는 것이 자연의 계획인 것이 틀림없다.

 그렇게 다양한 종 중의 한 생명체로서 나는 지금 컴퓨터로 이 글을 쓰고 있다. 그런데 갑자기 내가 하는 행동이 얼마나 놀라운지 모르겠다. 아니, 어쩌다 우리 인간은 유독 이처럼 지능적으로 발달하여 이 희한한(?) 일을 하고 있을까? 우리가 지금의 모습이 되기까지 걸린 시간을 앞으로 적용해 본다면 또 어떤 모습으로 어떤 생활을 하며 살아가게 될까?. 우리의 주인인 DNA는 과연 무엇을 위해서 어디로 가고 있는 것일까?

 도킨스 선생에 따르면 DNA가 생명체의 모든 것을 관장하며 조종하고 있고 눈으로 보이는 지구상의 모든 생물체는 DNA의 숙주에 지나지 않는다고 한다. 우리는 그들이 주입한 정보대로 움직이고 영원히 살고자 하는 그들을 운반하는 수단으로서의 '생존 기계'이고 잠시 나타났다가 사라지는 그들의 아바타다. 그러니까 눈에 보이는 모든 형상은 DNA가 자신을 유지하기 위해 잠깐씩 빌리는 몸에 지나지 않는 것이고 그 속에서 이루어지는 생각은 모두 DNA의 조정에 의해서라는 거다. 아, 우리가 고작해야 '본 주인'의 대타로 나서서 이처럼 온갖 감정과 싸우며 살아가고 있다는 건가?

그런데 생물의 세계를 들여다보면 볼수록 우리가 타자들보다 더 낫다고 장담할 수 없다는 거다. 생물 진화의 큰 장과 동시에 따라오는 메시지가 바로 그 점이다. 우리가 많은 이치를 밝혀내고, 학문을 쌓고, 복잡한 기계뿐 아니라 온갖 편리한 물건들을 다 만들어내는 종은 분명하지만 이런 것들이 타자들에게는 아무런 의미가 없다면 상대적으로 뛰어나다고 할 수 없다.

뛰어나다니, 우리야말로 멋도 모르고 까부는 하수가 아닌가 싶을 때가 많다. 많은 동물을 거의 공산품에 가깝게 만들어 버리고 들판 작물도 자연이 대대로 전해온 씨앗은 찾아보기 힘들게 됐다. 오래전부터 들판은 온통 불의에 포섭당했다. 인간 눈에 든 것 치고 온전하게 남은 게 없다. 매해 종자를 사도록 대를 잇지 못하게 만들어 버리기까지 했다. 그해를 겨우 살다 가도록 만들어 놓고는 그걸 지적 재산권이라고 비싸게 판다. 자연이 계속 다르게 만들어가는 수에 끼어들어 뭐든 획일적이고 일시적으로 만들어 버리는 이 위험한 일은 누구든 한 번 엮이면 빠져나올 수 없는 일이 됐다.

노자는 일찍이 만물이 자발성으로 돌아가고 그 어떤 간섭이나 지배를 받지 않는 범위, 우리가 감히 입으로 건드릴 수 없는 영역으로서의 '도'를 생각했다. 불교의 기본 사상에서 보듯 무릇 생명은 '끊임없이 화합하여 새 생명으로 윤회'하는 바퀴 속에 맞물려 있다. 우리의 지식보다 더 큰 뜻으로 돌아가는 이치에 대해 우리는 너무 겁이 없다. 지구상에 단독으로 살 수 있는 생물이 어디 있겠는가. 서로 밀접하게 연관되어 있고 각자 생태적 역할을 가지고 있다.

 타자에 예의를 지키는 것이 그들과 연결된 우리를 지키는 일이다. 생물체 세상을 들여다보면 아무리 생각해도 아등바등 일을 벌이며 사는 우리보다 아무 일도 벌이지 않는 타자들의 수가 한 수 위인 것 같다. 똑똑하다는 건, 곧 어리석음이 아닐까.

디어 라이프

 작년 말부터 작가의 이름이 각 매체에 자주 오르내렸다. 엘리스 먼로다. 바로 『디어 라이프』때문이었다. 가장 최근에 엮은 이 작품은 SNS에서 그녀의 이름보다 더 많이 회자되었다. 아마도 노벨 문학상을 받은 것이 한몫했을 것이다. 역시 책 표지에는 "작가의 능력이 최고조로 발휘된 작품"이란 말이 크게 인용되어 있었다. 단연 기대를 걸만한 일이었다. 단편이라니 한 편씩 시간 날 때마다 사탕처럼 녹여 먹으리라 생각했다.
 그런데 이런, 내 예상과 달리 책을 읽는 시간이 즐겁지가 않았다. 문학책을 대하다 보면 가끔 작가의 감칠맛 나는 표현에 가슴이 저미거나 알알해지고 혹은 삶의 내밀함을 건드리는 몸서리치는 시선에 몸을 떨곤 하는데 어찌 된 일인지 나는 자꾸 읽었던 앞장으로 다시 돌아가야 했다. 주제가 쉽게 잡히지 않았다. 다루고 있는 문제도 그저 그렇고 그런 것들이었다.
 그렇게 책 중반을 넘어서고 있을 때야 마치 국을 끓일 때 거품을 걷어내듯 작가가 말을 무척 담백하게 하고 있다는 느낌을 받았다. 그때야 나는 그녀의 글이 겨울이 끝나갈 즈음 불시에 훅 불어오는 봄바람 같은 데가 있다고 느꼈다.

독서회에서는 예상했던 대로 잘 읽었다는 사람들과 짜증이 나더라는 사람들로 갈렸다. 비율로 따진다면 2 : 8 정도였는데 실망스럽다는 쪽이 훨씬 많았다. 나는 잘 읽은 것도, 그렇다고 실망한 것도 아닌 어정쩡한 독자였다. 우리는 그렇게 그날의 토론을 마쳤다. 그리고 그렇게 먼 나라 캐나다 한 노년 작가는 나를 슬쩍 스쳐가는 듯했다.

그런데 이 작가를 완전히 다시 보게 된 계기는 그날 독서회에서 별생각 없이 내뱉은 나의 말 한마디 때문이었다. 나는 그때 토론 시간 사이 생긴 일순간의 정적을 견디지 못해 아무 말이나 그냥 해본 것이었는데 그것이 우리 가족에게 참 의외의 결과를 가져왔다.

'시선'에서의 세이디 이야기다. 주인공 엄마가 딸을 위해서 꼭 그런 일을 벌여야 했나, 하는 점을 말하고 싶었던가, 그랬다. 그런데 회원 중 아무도 나처럼 읽지 않은 것이 문제였다. 나는 작품의 내용을 엄마가 꾸민 것으로 봤는데 모두 작품 속 세이디는 죽었다는 것이다. 우리는 내용을 확인하기 위해 릴레이식으로 다시 한번 정독을 했다. 하지만 결과는 그대로였다. 어느 정도 설전이 오고 간 뒤 세이디가 그런 일에 가담할 아이가 아니라는 한 회원의 말에 공감이 되면서 나는 할 수 없이 내 생각의 꼬리를 내리게 되었다.

하지만 독서회를 마치고 돌아온 뒤에도 내 머릿속에서 그 사건은 자꾸 맴돌고 있었다. 집에 와서도 또 한 번 읽었다. 그러나 읽을수록 다시 내 생각 쪽으로 바뀌었다.

　나는 먼저 아들에게 이 작품을 읽어보라고 했다. 수능을 끝내고 난 뒤 지독히도 책을 잡지 않던 막내 녀석이 독서회에서의 일을 이야기했더니 구미가 확 당겼는지 자기에게 아무 말도 하지 말라고 하며 자기만의 판단을 해보겠다며 읽어 내려갔다. 그런데 이게 웬일인가. 내 독서 능력에 의기소침해진 내게 드디어 지원군이 생긴 것이다. 아들은 엄마가 사건을 꾸몄다는 것에 한 표를 던졌다.

　그때쯤 나는 이 문제가 상당히 재미있다는 생각이 들었다. 이제 나는 그날 저녁에 오는 딸 아이 둘에게도 꼭 읽혀보리라 마음먹었다. 둘째 딸이 먼저 읽었는데 작가의 글이 모호한 데가 많아 문제가 있다는 말끝으로 화자의 성격이 모난 데가 있으니 삐딱하게 자기식으로 보았는데 나중에 어른이 되어서는 그 일이 실제로 일어난 거로 보는 쪽으로, 회원들과 같은 쪽에 한 표를 던졌다. 그러고 보니 또다시 약간 그쪽으로 기울었다.

　이제 늦게 온 큰 딸아이 차례였다. 큰딸도 한 번 쓱 읽더니 같은 입장이었다. "엄마, 여기서 뭐 그리 헷갈릴 게 있어요?" 했다. 그때야 나는 정말로 내가 잘 못 읽었다는 걸 인정해야 했다.

　"아, 엄마가 이제 읽기 능력이 자꾸 떨어지나 보다."

　딸아이는 그런 엄마가 안 돼 보였는지 잠시 뭔가 위로의 말을 찾는 듯했다. 그런데 바로 그 순간, 큰 딸아이가 갑자기 소리를 질렀다.

　"와, 이 작가 진짜 천재다. 엄마, 처음에는 그냥 읽어 내려갔는데 알고 보니 이 글 속에는 많은 암시와 복선이 들어있어요."
한다. 옆에서 계속 혼란스러워하던 둘째도 그때는 언니에게 맞장구를 친다.

"아, 엄마, 이 글 소름 끼친다. 이제 알겠다. 내용 앞쪽에 이미 숨은 그림이 가득 들어있어요."

이제는 핸드폰에서 눈을 떼지도 않고 대충 옆에서 듣고 있던 아들놈도 눈을 동그랗게 뜨고 붙어 앉았다. 그때부터 때아닌 가족 독서토론회가 열렸다. 모두 얼굴이 상기되어 있었다. 우리는 그렇게 밤 1시가 다 되어가도록 3시간여 시간을 보냈다.

그러고 보니 그 시간은 아이들이 드디어 시험공부 속에서 벗어나 점수 따위에 상관없이 진정으로 열띤 생각을 쏟아낸 우리 가족 역사상 처음 있는 특별한 시간이었다. 나는 그 시간이야말로 몸이 떨릴 정도로 좋았다. 아이들은 각자 생각나는 대로 말을 쏟아냈다.

"엄마, 이 작품, 내가 읽은 것 중 최고의 작품이에요. 와, 이제 소설의 묘미가 뭔지 알겠다."

"엄마, 놀라워요, 이제야 신경숙의 말을 완전히 이해했어요. 하나의 빌미를 가지고 시선을 달리하니 숨겨진 암시가 폭죽처럼 쏟아져요."

"책 표지에 나오는 '오랜 경력의 절정'이나 '섬세한 통찰력과 빼어난 구성으로 짧은 이야기 속에 복잡하고 미묘한 삶의 한순간을 아름답게 그려낸' 말은 과대평가가 절대 아니었어요."

"무엇보다 중요한 복선은 '시선'이라는 이 작품의 제목이라고 생각해요. 작가는 관 속의 아이가 관뚜껑을 살짝 들어올리는 그 눈 속으로 독자를 끌어들여 빛(진실)과 어둠(허구)을 알아보라는 의도를 숨겨 놓은 것 같아요."
"그러고 보니 작가가 풀어놓는 기억이나 묘사하는 것에서 어떤 문장도 그냥 적은 것이 없어요. 문장의 배치, 그러니까 구성이 굉장히 지능적이에요."
"정말 파도, 파도 끝이 없이 새로운 암시가 드러나요."
그때쯤 나도 한 마디 끼어들었다.
" 아, 그러고 보니 아주 은밀하게, 아주 노련하게 진실을 두 겹으로 포개어 놓은 것이구나."
아이들과 나는 그때 모두 희열을 느끼고 있었다. 둘째의 입에서 문학이란 이런 것이구나, 하는 말을 할 때 나는 전율이 일었다. 거짓말 보태지 않고 그날 딸아이와 나는 약간 잠을 설치기까지 했다.
오, 디어라이프!
그날 밤 그 시간은 말 그대로 '디어라이프'였다.

인류의 지도

『총. 균. 쇠』를 다 읽은 지금 나는 무엇보다 저자가 대단한 열정을 가진 사람이란 것에 감동한다. 단지 조류 생물학자였던 그가 인류 문명사에 대해 보인 관심과 그로 인해 가지게 된 정보는 실로 대단하다. 무려 30여 년을 매달린 그의 땀의 결정체를 마주하니 존경스러운 마음이 절로 든다. 누군가의 피나는 노력을 이처럼 편하게 취할 수 있으니 새삼 독자로서 고마운 일이다.

책을 읽기 전 문명과 자연적 삶에 대해 발전과 낙후로 이분법적 접근을 하는 것은 아닌가 하는 우려가 좀 있었는데 그건 아니었다. 인류가 어떤 역사를 통하여 지금의 상태로 판이 짜이게 됐는지 아주 폭넓은 시야로 다루는 과정에서 저자는 어떤 인종에 대해서도 편견이나 섣부른 잣대를 들이대지 않았고, 문명발전을 성공의 기준으로 삼지도 않았다.

지리나 기후, 그리고 결국은 힘의 역사가 되는 과학 기술의 배경, 소통 수단으로서 언어의 이동 경로, 처한 환경에 따른 민족성이나 가치관 등을 보여주는 가운데 그 지역의 특이성이나 발전의 과정과 함께 치러야 하는 대가 등을 거의 빠트리지 않고 탄탄한 필력으로 촘촘하게 펼쳐냈다.

그리고 보니 이 책은 그동안 읽었던 책들 사이에 생겨 있던 틈들을 메워 주는 역할을 톡톡히 했다. 따로 놀던 지식의 편린 사이로 접착제처럼 스며들어 그동안 독서회에서 읽었던 아프리카나 러시아, 중국, 일본 등에 관한 내용이 큰 틀에서 다시 정리되었다.

내가 단숨에 읽어낼 수 있었던 것은 책을 도서관 대출 기간 안에 읽어내야 하는 압박감도 작용했겠지만 그런 과정을 보여주는 내용 곳곳에 흥미로운 정보들이 대단히 많았기 때문이다. 그리하여 막연하게 알고 있다고 생각했던 인류 문명의 전체적인 흐름을 다시 보게 되었고 여러 부분이 수정, 보완되면서 엉성하고 부실했던 기반이 훨씬 튼튼해지는 기분을 느꼈다.

"왜 우리 흑인들은 백인들처럼 그런 '화물'을 만들지 못한 겁니까?"라는 뉴기니 청년, 얄리의 이 단순한 물음에 대한 답을 제대로 찾기 위해 시작된 이 대장정의 역사를 함께하면서 나도 비로소 더 큰 눈을 떴다.

나는 사실 인류 문명 발전에 대한 역사를 대충 상상할 수 있다고 생각했다. 어찌 보면 뻔한 것 아닌가. 강 주위의 비옥한 땅을 중심으로 자연히 인류가 정주하게 되었을 것이고 그런 가운데 당연히 식물의 작물화, 동물의 가축화가 이루어지기 시작했을 것이다. 그러다 보면 식량이 증가하고 그에 따라 인구가 늘어나게 되는 것은 당연지사, 그러면서 서로 교류도 활발해지고 점차 인구 이동도 이루어지는 과정을 겪어왔을 것이라는.

하지만 어째서 잘 사는 나라와 못 사는 나라들로 나누어졌을까, 하는 문제는 생각보다 훨씬 복합적으로 얽혀 있는 것이었다. 제목으로 짐작할 수 있듯이 인류 역사상 기술 발달로 인한 무기 개발과 균에 대한 관리와 대응력이 가장 큰 영향을 미쳤고 이 힘에 의한 침략의 바람은 전 세계적으로 퍼져나갔다.

그러나 그와 함께 지리적 위치(특히 남북의 축과 동서의 축), 환경, 기후, 민족성, 종교, 정치, 언어, 그리고 위인, 혹은 영웅으로 나타난 개인의 특성과 예측 불가능한 우연의 힘도 큰 작용을 했다. 만약 1만 년 전에 외계인이 왔다면 아프리카 사하라 이남 지역이 제국이 되고 유럽은 그 속국이 될 것으로 예상했을 거라 했지만 그 반대 현상이 일어난 것이나, 역사적으로 내로라했던 제국들이 사라지게 된 건 그 모든 것의 총체적 결과다.

저자는 특히 호주와 뉴기니에 대해 비교 분석하는 부분에 적지 않은 지면을 할애했는데 서로 이웃해 있는데도 상반된 조건이 많아서 놀랐다. 호주가 지구상에서 가장 건조한 곳이라면 뉴기니는 가장 다습한 곳이었고 호주가 가장 척박한 땅이라면 뉴기니는 의외로 비옥한 토양을 가지고 있었다.

이 두 나라도 역시 이주민에 의해 점령당했는데 희한한 것은 호주에서는 원주민이 이주민의 전염병으로 힘들었다면 뉴기니는 이주민이 원주민의 전염병을 이기지 못했다는 거다. 인구도 호주는 원주민 6만 명을 포함해 2,200만 명이 넘어선 상태이고 뉴기니는 높은 지형상 문제인지 겨우 100만 명 정도라고 한다.

뉴기니는 또한 평생 생활반경이 16킬로 안쪽인 사람이 많고 그래서인지 문물 소통 또한 쉽게 이루어지지 않았을 뿐만 아니라 언어도 전 세계 어느 민족과도 무관하다. 스스로 천국임이 틀림없는, 지금도 온갖 동물들, 특히 새들의 낙원이라는 이곳은 '얄리'의 질문이 있던 그 시점의 2세기 전까지도 석기를 사용했을 만큼 문명 발전이 거의 정지된 상태였던 데는 다 그럴 만한 이유가 있었다.

그런데 인류도 여기 도달하기까지 아주 계획적으로 산 건 아닌 것 같다. 생물체의 운명처럼 인류사 역시 수많은 시행착오 끝에 나타난 우연한 결과물처럼 보인다.

내가 이 나라, 이 땅에 태어난 건 얼마나 행운인가. 저자가 특별히 언급했듯이 조상으로부터 지상에서 최고로 아름다운 언어를 선물 받았을 뿐만 아니라 역사적으로 국가의 틀도 일찌감치 갖추었다. 콜럼버스가 신대륙을 발견할 당시까지 국가의 틀을 갖춘 나라가 20% 정도에 지나지 않았다는데 우리는 그때 이미 조선왕조가 들어선 후 100년이 넘은 시기이고 우리 고유의 문자가 만들어졌을 뿐만 아니라 문화적으로도 활짝 꽃피어 법전이나 지리, 풍속 등을 담은 책과 함께 음악 이론서까지 편찬되었다. 그뿐인가. 심지어 우리의 세종대왕께서는 재주 있는 소장 학자들을 선발해 독서에 전념토록 1년 정도 휴가를 주었다니 이 아니 아름다운 인류사인가.

환경의 차이는 문명의 차이를 만들었고 문명의 차이는 힘의 차이를 만들었다. 그래서 인류 역사의 큰 흐름은 역시 힘의 역사였다. "작은 사회는 언제나 정복과 외부 압력에 시달려 단 한 번도 이상적인 결합이 없었다."라는 저자의 말은 우리의 마음을 무척 쓰리게 한다. 우리는 늘 이상적인 사회를 꿈꾸면서 한 번도 이상적인 결합을 할 수 없는 이 역설을 안고 살아갈 수밖에 없는 모양이다.

개인은 끊임없이 살아 움직이는 문명사의 DNA다. 환경적으로 주어지는 것이 운명이라면 우리 개인의 생각과 행동은 인류의 흐름에 가장 기초정보이면서도 무시할 수 없는 큰 변수일 것이다.

그러면 지금 나는 여기서 무엇을 하고 있는가? 통신의 혜택을 가장 많이 받고 있다 해도 과언이 아닌 이 나라에서 뒤늦게 인터넷 서점으로 책을 주문하기로 한다. 잔머리를 굴리며 책을 사지 않으려고 버텼지만 잘 읽은 기념으로 옆에 두고 싶기도 하고 책이 없으면 내가 흡수하게 된 것이 날아가 버릴까 걱정도 되어서다. 이것이 지금 인류사에 주입하고 있는 내 정보다.

'상황은 언제나 변하는 것이며 과거의 우위가 미래의 우위를 보장해 주지 않는'고로 우리가 지금 내는 생각들이 모여 결국 큰 흐름을 만들어 갈 것이다.

항문을 이해하는 101가지 방법

얼마 전부터 저녁만 되면 항문 쪽에서 찬바람이 느껴지기 시작했다. 그러다가 이내 '우리'한 느낌이 계속되었다. 이러다가 낫겠지, 하면서 한 달이 가고 그냥 있어서는 안 되겠다 싶어서 하루에 몇 번 좌욕하면서 두 주 정도가 갔다. 그런데도 차도가 없었다. 차도가 없는 게 아니라 증상이 좀 더 심해지는 것 같았다.

할 수 없이 병원을 찾았다. 의사가 내린 처방에는 바르는 약과 먹는 약 너덧 가지가 들어 있었다. 그리고 쪽지 하나도 건네주었는데 좌욕을 자주 하고 연고도 바르고 손가락으로 항문을 마사지 해 주면 좋다고 적혀 있었다.

나는 일단 바르는 약만 써 보기로 했다. 의사 말대로 부었기 때문이라면 기능상의 문제가 아니니 국소요법으로 약만 쓰면 되지 않겠느냐는 얄팍한 계산이 있었다. 좌욕은 평소대로 하면서 좌욕할 때마다 약을 듬뿍 넣었다. 그렇게 2~3일이 갔는데 조금도 낫는 기분이 들지 않았다. 그래서 이번에는 처방해 준

약을 먹으면서 좌욕도 하고 의사가 준 쪽지대로 마사지도 했다. 피로하면 안 되겠다 싶고 잠도 잘 자야겠다 싶어 일찌감치 잠자리에 들기까지 했다.

그런데 그렇게 약 잘 먹고 좋다는 것 다 하고 푹 자고 일어났는데도 여전히 기분이 좋지 않았다. 슬며시 짜증이 났다. 뭘 더 어쩌라는 건지 알 수가 없었다. 항생제마저 소용이 없구나 싶어서 약을 먹기가 싫었다. 모처럼 동생들과 서해안으로 여행가기로 되어 있었는데 아무래도 여행은 무리다 싶어 동생들에게 내 증상에 대해 문자를 보냈다. 그랬더니 둘에게서 바로 전화가 왔다. 둘 다 같은 진단을 내려주었다. 언니, 요새 많이 앉아 있은 거 아닌가? 하는 것이다.

하긴 근래 내가 좀 많이 앉아 있긴 했다. 책 보는 것도, 영화 보는 것도, 남이 읽어 줄 일도 없는 글 다듬는 일도 다 앉아서 하는 일 아닌가. 그런데 문자를 주고받다가 그만 모두 깔깔거리며 웃고 말았다. 실은 내 밑에 동생은 앞쪽에 뭐가 나서 고생하고 있고 막냇동생은 치열 때문에 약을 먹고 있다는 것이었다. 언제부턴가 서로 연락하면 셋 다 어디가 아프다는 이야기가 나온다. 우리가 그렇게 나이 들어간다는 증거다. 아무튼, 그렇게 해서 여행은 결국 무산되고 말았다.

치질에도 종류가 있었다. 항문 주변이 붓는 치핵, 항문이 찢어지는 치열, 항문에 농이 생겨 흐르는 치루로 나뉘었다. 내 경우는 치핵이었다. 치질이 추운 겨울에 잘 생긴다는 것도 알았다. 그리고 보니 찬바람이 불고부터 내 항문에도 찬바람이 났다.

나는 이제 이걸 만만히 볼 일이 아니다 싶어서 남은 약을 더 먹어 보기로 하고 운동도 열심히 했다. 동영상에서 물구나무서기가 좋다고 해서 기구를 찾아다니기도 하고 집에서 비슷하게 만들어 누워 있기도 했다. 그렇게 또 며칠이 지났다.

그러다가 밥을 먹으면서 남편한테 오만 걸 다 해도 안 낫는다면서 걱정을 내비쳤다. 따뜻한 소금물로 자꾸 씻어주라고 권하던 남편은 이제 대중목욕탕을 한 번 가보는 건 어떨까 했다. 자기는 전에 허리가 안 좋았을 때 목욕탕 다니면서 나았다는 거였다. 목욕이야 집에서도 늘 하고 뜨끈한 물에 반신욕도 하는데, 하고 말끝을 흐렸더니 대중목욕탕은 다르다고 했다. 자기도 오랜만에 가고 싶다고 해서 못 이기는 척 따라나섰다.

목욕탕 가기를 잘했다. 그 목욕탕에는 욕탕 안에서 물리치료를 할 수 있는 수중 작동기가 있었다. 나는 목욕하는 것보다 그 앞에서 더 많은 시간을 보냈다. 이거야말로 제대로 된 치료법이란 생각도 들었다. 기대와 희망이 생겨 나는 좀 기분이 좋아졌다. 그러나 그다음 날도 좋지 않은 느낌은 그대로였다. 나는 몇 번은 더 가봐야겠다고 마음먹었지만, 그날부터 온갖 생각이 들기 시작했다. 이대로 계속 살아야 하는 건가 싶기도 하고, 혹시 나쁜 병은 아닐까 걱정도 되었다.

그러면서 그동안의 내 생활을 자책하기도 했다. 그러고 보니 내가 그동안 항문이라는 이 기관에 대해 조금도 마음을 써 준 적이 없었다. 그동안 입의 말만 열심히 들었지, 모든 걸 묵묵히 받아내는 항문에는 관심을 가져본 적이 없었다. 항문이 이처럼 화가 난 건 분명 그럴만한 이유가 있을 것이었다. 자기도 참을 만큼 참았을 것이다. 먹는 것도 중요하지만 그걸 받아서 밖으로 내보내는 역할도 얼마나 중요한 일인가.

정신적으로도 문제가 있었을 것이다. 나는 이제 내가 별일도 아닌 것으로 화냈던 일, 남의 행동을 가지고 시달렸던 일, 일어나지 않은 일까지도 미리 앞당겨 걱정했던 일까지 반성하기에 이르렀다. 그리고 마침내 항문을 부끄러운 곳이라고 여긴 것까지 걸렸다.

나는 어느 순간부터 항문에 쩔쩔매고 있었다. 무엇이 좋을지 열심히 검색하기 시작했다. 치질에 좋은 음식, 치질에 좋은 약초, 치질에 좋은 자세, 치질에 좋은 운동들이 다 올라와 있었다. 요구르트 알로에 견과류 꿀 바나나 사과 딸기 키위가 좋고 약초로는 부들 속새 부처손 무화과 열매 약모밀 등이 나와 있었다. 자세로는 좌변기에 앉는 것 보다 쭈그려 앉는 것이 배변 압박을 낮춰 좋다고도 하고 오래 서 있으면 중력의 영향을 받아 좋지 않고 오래 앉아 있는 건 엉덩이 부분의 혈액순환을 방해해서 좋지 않다고 했다. 운동은 요가나 케겔 운동, 수영을 권했다. 어느 의사는 섬유질을 많이 먹고 마그네슘 아연 세륨 등 무기질 섭취를 많이 하고 고초균, 유산균 등 유익균 섭취도 권했다. 또 어떤 사람은 머릿속으로 자꾸 좋아지는 상상을 하라는 말도 있었다.

나는 또 한의원 검색을 해 보기도 했다. 한방에서도 치료 탕약, 약침 요법, 한방 연고, 생활요법지도 등 치질 치료에 대한 다양한 내용이 있었다. 침을 맞으러 가 볼까도 했다. 그런데 두꺼운 엉덩이 살 어디에다 침을 놓을 건지 걱정됐다. 어디 혈 자리를 찾는다고 해도 항문으로 잘 연결될 건지도 의문이었다.

목욕탕을 또 갔다. 이번에는 물리치료만 하지 않고 냉, 온탕을 번갈아 왔다 갔다 하는 방법도 쓰고 냉탕에 설치된 물대포도 맞아보았다. 물대포까지 맞고 나니 저녁에는 몸이 노곤하여 잠에 곯아떨어졌다. 다음날 눈을 뜨자마자 항문을 움직여보았다. 그래도 여전히 왼쪽이 부드럽지 않았고 뻣뻣했다.

나는 이게 장기전으로 갈 일이라는 걸 서서히 깨닫고 있었다. 병원 약이 하루 정도 분 남았는데 더는 먹고 싶지가 않았다. 약으로 될 일이 아닌 건 확실하다는 생각이 들었다. 생각해 보면 아플 때마다 제일 먼저 병원을 찾는데 약이 부드럽게 내 몸과 화합하는 걸 경험한 적이 별로 없다. 늘 약이 답이 아니라는 쪽으로 결론이 나곤 했다. 이번에도 그랬다.

그러다가 문득 아주 오래전에 사둔 안마기가 떠올랐다. 항문뿐만이 아니라 온몸에다 드르륵, 드르륵 시도 때도 없이 자극을 주었다. 혈액순환이 잘 될 것만 같았다. 그러면서 딸 아이가 사준 치질 방석도 쓰고 좌욕할 때는 사해 소금도 쓰고 오래 앉거나 오래 서 있는 걸 조심했다.

무엇이 도움이 되었을까. 시간이 지나면서 어느 순간 환부의 느낌이 조금 숙지막해지기 시작했다. 어쩌면 시간 자체도 약이 된 건지 모르겠고 완전히 낫기를 포기한 그때부터 조금씩 좋아진 것 같기도 하다.

고미숙의 『동의보감, 몸과 우주 그리고 삶의 비전을 찾아서』

에서 보면 양생은 섭생, 감정, 그리고 자신에게 다가온 운명을 어떻게 잘 처리해 나가느냐의 문제까지 포함된다. 사실 몸 어디가 좋지 않다는 건 국소적인 문제만은 아닐 것이다. 정·기·신 의 리듬과 조화가 깨졌을 때 몸 어느 한 군데서 탈이 나는 것이다. 이번에는 항문에서 딱 걸렸다.

 우주와의 소통 문제도 있을 것이다. 실제로 억겁의 세월 속 우리는 서로 기운을 주고받는 관계다. 수축하고 팽창하고, 생성하고 소멸하고, 혼합되고 또는 분리되면서 각기 다른 이름을 가지고 서로 내통하지 않을 수 없는 운명을 지닌 공동체니까 말이다. 모름지기 우리는 우주의 큰 호흡 속 우리가 엮여 있다. 그 율동 속에서, 그 길고 아득한 우주의 울렁거림 안에서 존재한다.

 한 가지 병에 만 가지 약이 있다고, 아파지고 보면 참으로 많은 것에 귀가 솔깃해지는데 어떤 병이 낫는다는 것은 우주가 쥐고 있는 비밀코드와도 맞아떨어져야 하는 일이다. 아픈 건 쉬워도 낫기는 힘들다는 건 그만큼 그 비밀의 열쇠를 찾기가 힘들다는 뜻이다. 내 몸이 원하는 게 뭔지 알아채기란 여간 어려운 일이 아니다. 그러나 신묘한 '우주의 보이지 않는 손'은 분명 찾아온다. 나는 그 손에 의해 좋아졌다. 우주는 끝까지 우리에게 최선을 다한다. 알고 보면 통증도 몸이 나으려고 보내는 신호이기도 하다. 짜증 내고 불안해하고 겁먹을 일이 아니라 반가워하며 대응해야 하는 일일 수도 있다.

 지금은 거의 벗어났다. 좋아지고 나니 나는 또 그새 잊어버리고는 옛날 습관대로 돌아간다. 나이 들면서 나타나는 여러 증상을 생각할 때 나는 역시 많은 걸 끊어야 한다. 책도, 영화도, 글도 벗어나는 게 몸을 위하는 길이다. 설렁설렁 살아야겠다고, 머릿속으로는 또 그렇게 생각한다.

● ● ● 에필로그

나도 한 마리의 황금물고기였다

　내 인생의 첫 기억은 돌담을 따라 떠나가던 꽃상여를 보는 것에서 시작된다. 어렴풋이 마당이 떠오르고 나는 주저앉아 있었던 것 같다. 일로 바쁜 엄마 대신 늘 날 돌봐주시던 할머니가 돌아가신 것이었다는 걸 크고 나서 알았다. 그다음 기억은 학교에 가야 하는 작은 오빠를 따라가려고 내가 막무가내로 울고 있는 장면이다. 오빠는 나를 떼놓고 도망가듯 뛰어가고 나는 끝까지 오빠에게 달라붙는다. 이 일도 나중에 크고 나서 어째서 그 아침에 우리 둘만 남았느냐고 물으니 어른들은 다 일하러 가고 없었다고 한다. 엄마는 산에 나무하러 갔다고 했다.
　내가 다섯 살이 되었을 때 우리 가족은 조상 대대로 삶의 터전이었던 고향을 떠나 낯선 땅으로 이사를 했다. 그때는 용달차도 귀했겠지만, 이삿짐도 변변찮았는지 우리는 버스를 타고 그곳으로 갔다. 나는 어른들이 말하는 '명경'을 들고 걸어 들어갔다.

이사라고 하지만 집을 장만하고 간 것도 아니었다. 남의 아래채를 빌려 여섯 식구가 방 한 칸에 살아야 하는 일이었다. 엄마 말로는 화장실을 제대로 못 쓰는 것이 너무 불편해 곧 야산 비탈, 우리 논이 있는 주변으로 직접 집을 지어 옮겼다고 한다.

부모님은 결혼하고 평생 여덟 번 집을 지었다. 그때가 여섯 번째였다. 그 집은 산비탈이긴 하지만 길을 끼고 있었는데 옆집은 주막이었다. 우물도 없어서 먼 곳까지 가서 물을 길어다 먹어야 했던 곳이었다.

거기서 2년쯤 보냈을까, 우리는 이제 일곱 번째 집을 지어 이른바 동네라고 부를 수 있는 쪽으로 또 한 번 옮겼다. 그 동네 이름은 '잔꼬르메'였다. 이름의 뜻도 모르고 우리는 어른들이 말하는 대로 따라 불렀다. 지금 생각해보면 아마 '작은 골'이란 뜻이었지 싶다.

그 작은 골엔 친구도 있었다. 내 또래가 세 명이나 되었다. 우리에게 놀 거리는 참으로 많았다. 긴 둑을 쌓아 흐르는 개천도 있었고 논 주변으로는 도랑도 많았는데 우리 조무래기들은 그런 데서 흙탕물을 뒤집어쓰며 놀았다. 노는 것이 곧 찬거리를 장만하는 일이기도 했다. 개천에는 조개가 많았다. 어린 우리도 잠시 만에 큰 통을 그득 채우곤 했다. 조개 숨구멍을 보고 손을 넣으면 내 손바닥보다 큰 조개가 손안으로 쑥 들어왔다. 비가 다녀가고 나면 미꾸라지를 잡으러 달려나갔다. 작은 도랑에 풀이 수북이 나 있는 쪽으로 소쿠리를 갖다 대어 비쩍 마른 다리로 몇 번 밟으면 누렇게 생긴 미꾸라지가 몇 마리씩 올라오곤 했다. 친구가 미꾸라지는 비를 타고 내려온다는 소리를 해서 나는 그걸 반쯤은 믿었다. 그러면서 자라도 보고 메기나 가물치도 보고 뱀을 만나기도 했다. 그때 물에서 사는 생명은 다 보았을 것이다.

주변의 크고 작은 못에서는 나룻배를 타고 '말밤'을 땄다. 말밤은 마름 열매다. 밤나무라곤 없던 동네에서 말밤으로 밤 맛을 실컷 즐겼다. 가끔은 '말'이라는 물풀을 채취하기도 했다. 바락바락 흙물을 빼고 엄마 손맛으로 무쳐 된장찌개와 비벼 먹으면 그렇게 꿀맛일 수가 없었다.

보리나 밀이 익어갈 즈음에는 꺾어 불에 그을려 손으로 비벼 먹기도 했다. 시커먼 보리깜부기도 따 먹었다. 한 번씩 메꽃 뿌리를 캐서 쪄먹기도 하고 땡깔(까마중)을 따먹기도 하고 가을걷이를 끝낸 논에서는 '올비'라는 작고 동그란 뿌리를 캐 먹기도 했는데 단맛이 나면서도 고소했고 꼭꼭 씹는 맛이 좋았다.

산에도 놀러 가는 게 아닐 때가 더 많았다. 소 먹이러도 가고 나무하러도 갔다. 소 먹이고 나무하면서 '삘기'도 뽑아 먹고 솔잎에 붙어 있는 꿀도 빨아 먹었다. 검붉게 익은 산딸기를 배부르도록 따먹을 때도 있었다. 묏등을 타는 재미도 쏠쏠했다. 패랭이꽃이 지천일 때는 어린 감성으로도 그 세계가 감미로웠다. '도롯'을 따러 갈 때도 있었다. 도롯이 '돌옷'이라는 것도 어른이 돼서야 알았다. 돌옷은 즉 석이버섯이었다. 엄마는 비만 오면 산에 가서 도롯을 따 가지고 오라고 했는데 그걸 씻어서 조물조물 초무침해서 먹곤 했다.

내가 조금 더 큰물에 가게 된 건 읍내에 있는 중학교에 입학하고부터다. 학교 옆에는 양옥이 줄지어 있었고 중심가에는 가게들이 많았다. 친구들과 시오리 길을 걸어 다녔는데 우리 신발은 늘 흙투성이였다. 시골 사정도 모르는지 선생님과 선도부에서는 신발이 더러운 학생들을 잡아 세우곤 했다. 따로 붙잡힐 때마다 나는 몹시 침울해졌다.

1학년 때 장래 희망란에 나는 양계장 주인이 되고 싶다고 썼다. 닭을 키우며 예쁜 병아리도 실컷 보고 달걀도 많이 얻는 상상을 하며 아주 멋진 직업이라고 여겼다. 두 번째 칸에는 소설가라고 적었다. 글 쓰는 일에 딱히 두각을 나타낸 것도 아니었는데 아마 초등학교 때 장수철 동화작가의 '해바라기의 노래'라는 책을 읽으면서 펑펑 울었던 게 좋아서였던 것 같다. 지금 내용은 잘 기억나지 않지만 나는 책 속의 슬픔에 한껏 취해 한 번 더 읽으면서도 또 울었다. 그래서 막연하게 나도 남을 펑펑 울릴 수 있는 글을 쓰면 좋겠다는 생각을 했던 것 같다.

그때 처음으로 짜장면 맛을 봤다. 친구들과 중국음식점을 갔는데 나는 내가 짜장면을 처음으로 먹어본다는 걸 들키기 싫어서 전에도 먹어봤던 것처럼 연기했다. 아마도 그즈음부터 내게 열등감이라는 것이 서서히 내 의식 한쪽을 차지했지 싶다. 어디를 봐도 나는 내세울 게 없었다. 나는 잔뜩 주눅 든 아이가 되어 갔다.

그런데다가 한번은 음악 시간에 불려 나가 죽도록 맞은 적이 있었다. 반 전체적으로 음악시험 성적이 좋지 않아 단체로 손바닥을 맞았는데 내 차례가 오자 나는 너무 겁이 났고 내밀었던 손을 나도 모르게 자꾸 뺐다. 그러자 열을 받은 그 여선생은 나를 따로 불러내 자기 성질을 있는 대로 발산했다. 지금 생각해 보면 굉장히 히스테리적인 사람이었다. 그때 그 사건은 학교 내에 소문이 쫙 퍼졌다. 내가 집에서 한 번도 맞아본 적이 없어서 그럴 거라는 말이 돌았다. 나는 사실 집에서 맞아본 적이 없었다. 꾸중도 별로 들은 적이 없었다. 나는 그렇게 맞고도 집에서는 조금도 내색하지 않았다. 그 후로 종잡을 수 없는 흙탕물이 내 의식으로 흘러들어 오고 있었다. 그렇게 한 번 들어온 흙탕물은 오랫동안 내 의식을 지배했다.

고등학교 들어가고부터는 여러 문학책에 매료되면서 새로운 세계가 다가왔다. 시간이 날 때마다 책 속에 코를 박고 있으면 밥을 먹지 않아도 배고픈 것도 모를 지경이었다. 그렇게 내게 완전히 다른 세상의 물길이 들어오고 있었다. 언제부턴가 나는 글 쓰는 사람들을 대단히 흠모하기 시작했는데 저자나 작가들을 태산 같은 존재로 여겼다. 특히 시인은 신적인 경지로 보였다. 어른이 되고 나서도 교과서에 시가 실린 어느 시인을 만난 자리에서 말이 제대로 나오지 않았던 기억이 있다.

나는 시간이 날 때마다 주로 이 물속에서 놀았다. 그때부터 지금까지 오래도록 이 수풀 속을 돌아다니는 시간이 무엇보다 좋았다. 이 세계 또한 끝도 없이 펼쳐져 있었다. 그 사이를 돌아다니며 나는 한껏 나만의 세상을 지어 올리고 있었다.

이제 내가 헤엄쳐 온 곳을 되돌아본다. 이 지점까지 한참 걸리는 거리인 줄 알았는데 막상 도착하고 보니 금방이다. 물이 잔잔하다. 여기 이 자리에 와서야 비로소 깨닫는다. 내가 만났던 모든 길목이 다 나에게 필요한 과정이었다는 것을.

가난한 부모를 만난 것에서부터 내 행운은 시작되었다. 가난한 부모를 만나 그 오지로 따라 들어가지 못했다면 지상 최고의 부를 누리지 못했을 것이다. 부모도 나도 그때는 몰랐지만, 햇살이 비치고 비가 오고 눈이 오고 바람이 부는 자연현상을 온몸으로 받아들였다. 산과 들이 합심해서 우리를 키워내고 있었다. 어디서 그런 혜택을 누릴 수 있겠는가.

우리 집이 조금 여유가 있었다면, 또 어느 한구석 잘난 데가 있었다면 어땠을까. 나는 그게 당연하다고 생각하며 세상을 많이 착각했을 것이다. 어른이 되고서도 우쭐거리는 마음이 일어나고 나도 모르게 민망한 말이 튀어 나가는 걸 보면 내가 대책 없는 인간이라는 걸 하늘은 진작부터 알았던 모양이다. 나에게 관심을 가지고 진작부터 지그시 눌러준 건 정말 적당한 처방이었다. 나에게 참으로 깊은 뜻이 있어, 나를 딱 이 정도 선에서 다루었다.

그러나 그것으로도 부족하다는 걸 하늘은 또 알았다. 결혼할 시기가 되었을 때 나를 낯선 물로 옮겼다. 시멘트로 둘러싸인 곳으로, 그것도 햇볕도 잘 들지 않는 찬 바람이 쌩쌩 부는 쪽에다 풀어놓았다. 물은 맑았는지 모르겠지만 지나치게 차가웠다.

차가워서 몸이 바짝 얼 정도였다. 하늘의 뜻을 알 턱이 없는 나는 거기서 적응하지 못해 애를 먹었다. 그러나 돌이켜보면 그곳도 나에겐 당연히 필요한 일이었다. 천지도 모르던 내가 환골탈태하는 계기가 되었다.

　아, 인간 되도록 만드는 일은 얼마나 어려운 것인지. 하늘은 그걸로도 모자라 나에게 내리 아이 셋을 안겼다. 너 정도라면 새끼 셋은 낳아 봐야 한다고 여겼던 것 같다. 내게 너무나 소중한 존재를 그렇게 턱 안기면서 또 다른 담금질로 들어갔다. 나는 아이들 존재가 너무나 가슴 벅찼으므로 온갖 걱정에 둘러싸였다. 밤낮으로 애가 탔다.

　귀한 걸 갖게 된다는 건 형벌 자체다. 그러나 하늘은 결코 가볍게 다루지 않는다. 형벌이라니, 달콤하고 뿌듯하고 희망찬 일이어서 아이들 키우는 일은 나를 팔팔 살게 하는 힘이었다. 아이들을 위하는 일이라면 내 속의 진기를 남김없이 다 써도 좋을 일이었다. 아이를 낳고부터 주변으로 물꼬를 제대로 텄다. 셋째를 낳고 나서는 세상을 얼마나 내 몸같이 사랑해야 하는가를 뼈저리게 느꼈다. 정신이 번쩍 드는 일이었다.

　고만고만한 소시민이 고만고만한 소시민을 만난 것도 또 다른 행운이었다. 제대로 공부해 보기로는 이만한 자리도 없다. 결혼생활은 늘 빠듯했지만 내게 부족한 게 없었다면 그 틈에서 얻을 수 있는 많은 걸 놓쳤을 것이다. 나란 인간이 남 보란 듯 버젓하게 살았다면 무슨 자만이 생겼을지 모른다. 나는 이 길도 꽤 괜찮다고 생각한다. 아니, 이 길이 더 낫다고 생각한다. 힘들고 서글픈 구석을 안겨준 깊은 뜻을 이제는 이해한다.

시인 작가 학자 사회운동가 정치가 등 그동안 그렇게 뜨겁게 흠모하던 마음이 이제 많이 식었다. 지금은 사람은 다 사람이고 인간은 다 인간이라는 마음으로 바라본다. 내가 구축한 세계가 허물어지는 것이, 내가 이렇게 변한 것이 한편으로 속이 좀 쓰리고 허하고 슬프지만 사는 게 별 게 있겠는가. 내가 이 사실을 받아들인 것도 공부라면 공부다. 누구를 대단한 위인으로 여기는 것도, 나를 대단히 하찮게 여기던 일도 이제는 하지 않는다. 나는 아무것도 아니면서 또한, 누구와 비길 수 없는 귀한 존재라는 딱 그 지점에 와 있다. 세상 모든 생명이 소중하고 나 또한, 어디에 주눅들 필요 없는 존재라는 걸 이제는 안다. 나야말로 축복받은 삶이었고 선택받은 삶이었다는 것을, 하늘은 언제나 내 편이었다는 것을 이제는 안다. 르 클레지오의 『황금물고기』 주인공 라일라처럼, 생각해 보니 실은 나도 한 마리의 황금물고기였다.